Nutze deine Kraft

Roland Rupp

Bibliografische Information der Deutschen Nationalbibliothek:
Die Deutsche Nationalbibliothek verzeichnet diese Publikation
in der Deutschen Nationalbibliografie, detaillierte
bibliografische Daten sind im Internet über http//dnb dnb.de
abrufbar.

Roland Rupp

Nutze deine Kraft

Wirksame Methoden

des Körpertrainings

mit und ohne Hilfsmittel

Impressum

Roland Rupp: Nutze deine Kraft

Herstellung und Verlag

BoD, Books on Demand, Norderstedt

Layout: Roland Rupp
Cover-Design: Roland Rupp
ISBN-Nr.: 9-783743-153370
Erstauflage: 2016

Copyright: 2016 Roland Rupp ©

Alle Rechte vorbehalten. Dieses Buch oder Auszüge davon dürfen in keiner Form kopiert, veröffentlicht oder in digitale Medien überführt oder übertragen werden, es sei denn, es liegt eine schriftliche Genehmigung des Autors vor.

Hinweis: Manche Übungen können, je nach Gesundheitszustand des Anwenders, bedenklich werden. Klärt das vorher mit eurem Hausarzt ab. Hieraus resultierende Schäden gehen auf alleinige Gefahr des Nutzers. Eine Haftung in irgendeiner Form wird nicht übernommen.

Widmung

Diese Buch ist allen gewidmet, die ihr Aussehen und ihren Körper auf Dauer verändern wollen und nicht wissen, wie sie das anstellen sollen. Für alle, die den Mut zur Veränderung haben ohne Verlust ihrer Lebensqualität

Vorwort

Alles, was ich in diesem Buch beschreibe, habe ich selbst ausprobiert. Zudem trainiere ich ebenso regelmäßig und variiere meine Übungen. Auch Rückschläge und körperliche Einschränkungen konnten mich nicht stoppen. Dieses Buch ist das Ergebnis meiner Erfahrungen und meines Trainings, damit du es leichter hast und meine Ratschläge nutzen kannst. Für eine gute Figur gibt es keine Wundermittel, sondern nur dein permanenter Einsatz. Wenn du bereit bist für eine dauerhafte Veränderung, zeige ich dir hier den Weg. Und keine Sorge. Es tut nicht allzu sehr weh. Mir ist durchaus bewusst, dass es im Bereich Fitness/Ernährung/Training bereits unzählige Bücher und Publikationen gibt. Es gibt gute bis sehr gute, weniger gute und schlechte. Einige haben sicherlich ihre Berechtigung. Aber wenn dann die Hälfte des Buches dann schon mal aus Tabellen besteht, mal ehrlich...das ist wohl nur für wenige geeignet. Ich denke, in meinem Buch ist so einiges für alle dabei. Für den Beginner, den Sportler im Hobbybereich oder auch den ambitionierten Amateur, der auch schon mal öfter ein Fitness-Studio von innen gesehen hat. Und die Profis wissen ja meist eh, was gut für sie ist. Was noch zu sagen wäre ist, um fit zu sein oder zu werden, brauche ich natürlich kein Fitness-Studio oder teure Geräte. Es sind Hilfen, die ich mir zu Nutzen machen kann. Aber tun muss ich selber was. Das bleibt keinem erspart. Aber ich kann dich beruhigen. Es ist zu schaffen.

Nutze deine Kraft

Früher (zu meiner Jugendzeit in den 60/70-er Jahren) haben sich die Leute mehr bewegt.

Keinen PC, kein Handy und dergleichen. Geschweige denn man wird überall hingefahren als Kind oder Jugendlicher. Das gab es nicht.

Heute dagegen wirst du überschüttet mit immer neueren Trends, Geräten und dergleichen.

Gib dem Kind einen neuen Namen...ehrlich gesagt...das gab es alles schon. Wenn jeder, der Probleme mit seiner Figur hat oder meint, nicht fit genug zu sein, nur einen Bruchteil der Zeit, in der er am PC oder Smartphone verbringt, nutzen würde für ein sinnvolles Training, dann wäre den meisten schon geholfen. Auch mal zu sagen, ich nehme mir jeden Tag 10-15 Minuten Zeit, um sinnvoll zu trainieren. Denke, die Zeit hat jeder. Ausreden zählen hier nicht. Das Training, das ich hier beschreibe, können die meisten Menschen (sofern sie nicht schwerkrank oder behindert sind) absolvieren. Der Grundsatz lautet: So kurz wie möglich, aber so intensiv wie nötig! Schon 1 Stunde wöchentliches Training werden deinen Körper dauerhaft verändern. Den anderen Mist habe ich schon hinter mir. Das brauchst du dir nicht auch geben. Das ist nur Zeitverschwendung. Du kannst hier von meinen Erfahrungen profitieren. Also nutze sie.

Inhalt

1. Einleitung
2. Training zu Hause ohne Hilfsmittel
3. Training unterwegs/im Urlaub
4. Training zu Hause mit Hilfsmittel
5. Training im Fitness-Studio
6. Trainingsmethoden
7. Ernährung
8. Sonstiges
9. FAQs/Häufig gestellte Fragen
10. Schlusswort
11. Danksagung/Anmerkung
12. Quellenverzeichnis/Bildnachweise

Einleitung

Du allein (und sonst niemand) hast jetzt die Wahl, deinen Körper und dein Leben zu verändern. Und zwar: J e t z t ! Und keine Angst. Es ist machbar. Denn die ganzen Dinge, die nicht funktionieren, habe ich bereits für dich ausprobiert. Also, du bist auf der sicheren Seite. Im folgenden werde ich dir Übungen vorstellen und erklären (zumeist mit Bildern), die verständlich, einfach auszuführen und effektiv sind. In Kombination mit einer sinnvollen Trainingsmethode nennt sich das dann Minimalismus. Das heißt, mit wenig Zeitaufwand optimale Ergebnisse erzielen. Aber eines verlange ich von dir. Gib bei jedem Training dein Bestes! Und zwar bei jedem Training. Dein Bestes wird zwar schwanken, je nach dem derzeit körperlichem Zustand, persönlichem Biorhythmus und anderen Faktoren. Aber wenn du nach dem Training sagen kannst, heute ging nicht mehr, ist das völlig ausreichend. So, genug eingeleitet. Bevor es losgeht, noch eine kurze physikalische Gesetzmäßigkeit. $\text{Leistung} = \frac{\text{Kraft} \times \text{Weg}}{\text{Zeit}}$

Das heißt: Je schneller ich ein bestimmtes Gewicht (und sei es nur das eigene) über eine bestimmte Strecke bewege, desto mehr Kalorien verbrenne ich und umso mehr, je öfter ich das mache (eine genauere Erklärung gibt es später in den FAQs).

Training zu Hause ohne Hilfsmittel

Ich gehe wohl nicht zu weit zu behaupten, dass jeder zu Hause eine Möglichkeit hat, zu trainieren. Sei es in der Wohnung, im Garten, auf der Terrasse, dem Balkon oder in der Garage oder im Keller. Es findet sich immer eine Möglichkeit und einen Ort zum Training. Im folgenden stelle ich Übungen ohne Hilfsmittel vor und gebe Erklärungen dazu ab (die meisten sind auch bebildert). Zudem schreibe ich auch die gängigsten Namen darunter (viele sind auch Englisch).

Liegestütz (Push-up)

Eine der wohl besten Ganzkörperübungen, die ich kenne. Und eine meiner Lieblingsübungen. Es gibt hier bestimmt weit über 100 Variationen. Ich stelle hier nur die meiner Meinung nach brauchbarsten vor. Wer die vielen anderen Variationen kennenlernen und ausprobieren möchte, findet hierzu genug Material in den Medien.

Im folgenden sind einige Beispiele dargelegt. Hier kannst du aber nach Herzenslust variieren. Eine kleine Veränderung bringt schon wieder einen anderen Ansatz.

Training zu Hause ohne Hilfsmittel

Klassische Liegestütz Startposition

Klassische Liegestütz auf Fäusten mittlere Position

Training zu Hause ohne Hilfsmittel

Positiver Liegestütz an Parkbank Startposition

Den Klassischen Liegestütz kannst du auch breiter oder enger machen. Die Arme werden dann entweder mehr als schulterbreit aufgesetzt (geht mehr in die Brustmuskulatur) oder ganz eng (geht mehr in den Trizepsmuskel; auch Diamant-Liegestütz genannt). Statt der positiven Liegestütz (Oberkörper erhöht) kannst du auch negative Liegestütz machen (hier sind die Füße höher als der Oberkörper).

 Du kannst auch die Handballen nach vorne schieben (geht in die Schultermuskulatur). Wo die Muskulatur am meisten beansprucht wird, wirst du merken.

Dem Einfallsreichtum sind hier fast keine Grenzen gesetzt. Aber ich würde dir raten, dich hier auf einige wenige Varianten zu beschränken und bei jedem Training, welches Liegestütz beinhaltet, eine andere Variante zu wählen. Oder du wechselst einfach mal die Armstellung. Von der klassischen Variante gehst du einfach mit dem rechten Arm weiter vor und mit dem linken etwas nach hinten. Eine ganz andere Belastung. Probiere es aus. Wenn du bereits einiges ausprobiert hast und schon fortgeschritten bist, kannst du auch einige schwierigere Varianten wählen. So zum Beispiel Liegestütz mit einer Hand. Links und rechts im Wechsel. Wenn das noch zu schwierig ist, probiere es an einem Geländer aus als positive Liegestütz. Auch kannst du einen Handstand machen an der Wand und dann Liegestütz nach unten ausführen. Aber das ist nur für weit Fortgeschrittene.

Positiver Liegestütz mittlere Position

Training zu Hause ohne Hilfsmittel

Hampelmann (Jumping Jack)

Die Übung kennst du bestimmt noch vom Sportunterricht in der Schule oder beim Aufwärmtraining beim Fußball-oder Handballtraining. Eine sehr gute Ausdauerübung, die du überall durchführen kannst. Klingt zwar einfach, aber wenn du mal eine sogenannte Leiter (inclusive Pausen 9 Minuten) absolviert hast (sind so um die 300 Wiederholungen), dann weißt du, was ich damit meine. Du brauchst nicht bei jedem Training die Hände über den Kopf bringen. Es reicht auch mal, wenn du sie nur seitlich streckst oder auch nur anspannst.

Hampelmann kurz vor der Endstellung

Kniebeugen (Squats)

Ebenfalls eine der besten Übungen, die ich kenne (natürlich auch ohne Gewichte).

Hier gibt es mehrere Varianten. Ich stelle hier die Klassiker und noch einige Abwandlungen vor, welche ich für sinnvoll halte.

Beschreibung: aufrechter schulterbreiter Stand, Füße leicht nach außen; Hände nach vorne ausstrecken oder in den Nacken legen. Absitzen (wie auf einen Stuhl) bis zu einem 90-Grad-Winkel etwa, dann wieder hochkommen.

Wer möchte, kann den Stand auch etwas breiter wählen und die Füße nach außen stellen (die sogenannte Sumo-Kniebeuge). Du kannst auch die Fußstellung variieren oder den Stand enger oder weiter wählen. Es gibt hier immer eine etwas andere Belastung auf die Oberschenkel und den Rücken. Aber das solltst du selber rausfinden, was dir da zusagt. Wenn du Probleme im Rücken oder den Knien hast, kannst du dir natürlich behelfen. Du kannst dich beim Runtergehen an einem Stuhl oder Geländer oder ähnlichem festhalten. Du machst die Kniebeuge nicht ganz bis zum Schluss, sondern gehst nicht so weit runter. Oder du wählst deinen Stand breiter. Das entlastet auch. Es gibt immer Alternativen oder Hilfen, wenn du körperlich eingeschränkt bist oder Probleme hast. Wer möchte, kann im Anschluss an die Kniebeuge noch einen Sprung in die Luft nach oben machen (die sogenannten Squat-Jumps). Hierbei kannst du dann auch noch die Hände nach oben strecken.

Wer will, kann auch noch einen Stock oder eine Hantel im Rücken halten (mit oder ohne Gewicht). Ist aber nicht nötig. Der Effekt ist auch so enorm.

Hier einige Varianten zur Ansicht und zum Nachmachen

Klassiker/Grundstellung mit Händen im Nacken

Dehnt gleichzeitig die Schultern!

Training zu Hause ohne Hilfsmittel

Klassiker/Endstellung mit gestreckten Armen

Training zu Hause ohne Hilfsmittel

Hochspringen nach der Kniebeuge

Ausfallschritte (Lunges)

Auch hier zeige ich nur die klassische Version. Wer experimentieren will, kann dies gerne tun.

Beschreibung: Schritt mit linkem Bein nach vorne und in die Knie gehen und wieder zurück. Dann auf der rechten Seite dasselbe.

Wer Knieprobleme hat, muss sehen, wie weit er gehen kann.

Du kannst auch einen Ausfallschritt links machen, dann rechts und wieder links. Du läufst quasi und machst Ausfallschritte. Das Ganze geht natürlich auch rückwärts. Und wenn du das konzentriert und etwas schneller machst, geht das ganz schön in die Beine. Eine sehr gute Übung.

Ausfallschritt Endposition

Training zu Hause ohne Hilfsmittel

Ausfallschritte an einer Parkbank
Dehnt sehr gut und schont die Knie!

Liegestütz-Hocke-Sprung (Burpees)

Zuerst in die Liegestütz, von dort in die Hocke und dann nach oben springen. Ist sehr gut für die Ausdauer.

Startposition Burpee

von der Ausgangsposition Sprung in die Hocke

Training zu Hause ohne Hilfsmittel

Sprung von der Hocke aus nach oben

Klimmzüge

Kennt jeder von früher und von der Schule her.

Sie kannst du aber nur bedingt zu Hause machen. Wenn du im Garten eine Stange hast, würde es gehen. Es gibt auch mobile Stangen, die du im Türrahmen befestigen kannst. Als Variante kannst du dich auch schräg von unten an einem Geländer hochziehen.

Auch hier gibt es viele Variationen. Arme weit, Arme eng, Handflächen nach innen, Handflächen nach vorne...

Das muss dann jeder selbst herausfinden, wie oder ob er das machen möchte. Auf jeden Fall wird dein Rücken, dein Bizeps und die Hände beansprucht. Sogar deine Bauchmuskeln. Du kannst dich an jede Art von Stangen hängen, die du vorfindest. Diese sollten natürlich stabil und nicht schon fast durchgerostet sein.Beim Hochziehen solltest du aber aufpassen. Wenn du breit greifst und dich dann hochziehst, bis du die Stange im Nacken hast, ist das zwar von der Kraft her ganz toll, aber nicht unbedingt für den Nacken und den Rücken. Hier kann es leicht zu Verspannungen kommen. Nicht unbedingt für Anfänger geeignet.

Im Endeffekt musst du selbst herausfinden, was dir taugt und ob dir Klimmzüge überhaupt etwas bringen. Wenn du allerdings Spaß daran hast, kannst du echt toll variieren.

Bauchübungen

Hiervon gibt es natürlich genug in Dutzenden von Büchern. Für die oberen, die unteren und die schrägen Bauchmuskeln.

Von den Bauchmuskelübungen findest du überall genügend Lektüre, so dass ich nur kurz darauf eingehen möchte. Abgesehen davon sind unzählige Bauchübungen überflüssig. Die Bauchmuskeln sind bei fast allen hier vorgestellten Übungen beteiligt, so daß du sie nicht noch extra belasten solltest. Dennoch kannst du sie hin und wieder trainieren, wenn dir danach ist.

Ausgangsstellung und Beginn von Crunches klassisch

Training zu Hause ohne Hilfsmittel

Crunches mit überkreuzten Beinen

Crunches mit angewinkelten Beinen

Ich selbst habe auch so einige Bücher über **Bauchmuskeltraining** und Bauchmuskelübungen im Schrank stehen. Sehr viele dieser Übungen habe ich früher ausgeführt und hin und wieder mache ich es noch. Aber inzwischen sehr selten, da es nicht unbedingt erforderlich ist. Wenn du nicht gerade Bodybuilding betreibst oder Spaß daran hast, mach lieber Grundübungen wie Liegestütz, Kniebeugen oder andere Übungen (auf die ich noch eingehen werde) und spann dabei deinen Bauch an. Bei bestimmten Übungen wirst du auch mal einen Muskelkater bekommen. Dann weißt du, dass du nicht nur eine Grundübung gemacht hast, sondern deine Bauchmuskeln gleich mittrainiert hast.

Aber wie gesagt, ich überlasse es dir, ob oder wie oft du deine Bauchmuskeln extra trainieren willst.

Ich kenne Leute, die haben noch nie separat Bauchmuskeln trainiert, haben aber einen extrem guten Six-Pack.

Hier kommt es natürlich auch auf Veranlagung und Genetik an. Aber das sollte dich nicht weiter interessieren oder vom eigentlichen Training abhalten.

Vertraue meiner Erfahrung und mache die hier beschriebenen Übungen, dann kann sich deine Bauchregion auch sehen lassen.

Training zu Hause ohne Hilfsmittel

Sprints/Intervall

Ich selber bin kein Freund von stundenlangem Joggen, wo ich mich nebenher noch mit einem Mitläufer unterhalten kann. Für mich ist der Aufwand zum Ergebnis zu hoch. Dann lieber ein flotter Spaziergang, wo ich noch die Natur genießen kann.

Allerdings kann richtiges Laufen auch Philosophie sein und sehr innovativ. Zum Abschalten und den Kopf frei bekommen genau das Richtige. Jeder sollt selbst herausfinden, ob das für ihn in Frage kommt. Wer sich allerdings bei jedem Training quälen muss (nicht zu verwechseln mit echter Anstrengung), sollte nochmals überdenken, ob er nicht was anderes machen will.

Ob es das dann wert ist, seine Gelenke zu malträtieren. Bitte versteht mich jetzt nicht falsch. Nichts gegen vernünftiges Joggen mit brauchbarem Schuhwerk und entsprechender Vorbereitung samt Aufwärmen und Abdehnen. Allerdings sollte der eingebrachte Aufwand auch im Verhältnis zum Erfolg stehen. Ich denke mal, mit 2 bis 3 mal wöchentlich mindestens 1 Stunde lang, mit Auf-und Abwärmen sowie eventuelles Fahren zu einem geeigneten Ort sowie Ausschwitzen und Duschen. Da sind wir dann gleich bei mindestens 5-6 Stunden in der Woche dabei. Und wenn ich mal 2 Wochen nicht dazu komme, kann ich bald wieder von vorne anfangen. Für mich persönlich zu großer Aufwand für das, was dann im Endeffekt rauskommt. Allerdings hat da jeder seine persönlichen Ziele. Es gibt halt auch viele, die joggen, weil sie nichts anderes wissen und gehen davon aus, dass sie hier abnehmen. Ist meist ein Trugschluss, auf den ich später noch zurückkomme.

Nun gut..zurück zum eigentlichen Thema Sprint.

Ich garantiere dir, der Aufwand ist gering. Aber der **Nachbrenneffekt** (Kalorienverbrauch auch noch Stunden nach dem Training) ist enorm.

Such dir eine beliebige Strecke aus (gerade, den Berg hoch, auf Teer oder in der Wiese). Idealerweise sollte diese Strecke ca. 50-100m Länge aufweisen. Du kannst diese ja vorher mal abschreiten. Mach dich dann etwas warm (leichtes Einlaufen). Dann sprinte die vorher festgelegte Strecke so schnell du kannst. Anschließend gehst du die Strecke in moderatem Tempo zurück. Wenn du wieder am Anfang angekommen bist, sprinte erneut diese Strecke so schnell es geht. Mache dies dann so 6-10 mal. Ich garantiere dir, du wirst es lieben. Wenn auch nicht gleich am Anfang.

Wenn du keine Sprints machen kannst oder darfst, dann mach eine andere Übung. Beispielsweise Hampelmänner oder andere fordernde Übungen. Ich komme noch darauf zurück (mit dem Medizinball oder Laufen auf der Stelle).

Anstatt der Sprints kannst du auch Laufen auf der Stelle bzw. Trippeln auf der Stelle machen. Bei Problemen mit den Knien kannst du dich auch an einer Schräge festhalten, an einem Geländer auf dem Balkon oder einer Arbeitsplatte in der Küche oder im Arbeitszimmer oder einem Stuhl. Es gibt immer einen Weg. Geht nicht gibt es nicht!

Training zu Hause ohne Hilfsmittel

Hier noch einige Impressionen für Sprints

Adrenalinschub garantiert-und Spaßfaktor!

Ich möchte nochmals aufs Joggen zurückkommen. Diejenigen, welche aus Überzeugung joggen, sich gerne im Freien bewegen, sich hier auch steigern können, irgendwann einen Halbmarathon oder einen Marathon laufen, bestens. Alle Achtung, wenn sie das durchhalten und durchziehen. Laufen kann natürlich auch süchtig machen, wie fast alle anderen Sportarten. Die Leute, die so trainieren, können natürlich von meinen Ausführungen für ihrer Sportart profitieren, wenn sie ab und an einen Sprint einlegen oder mal eine Einheit wie beschrieben einschieben.

Allerdings...wenn ihr nur joggt, weil eine Freundin das gerade macht oder ihr abnehmen wollt und ihr nicht wisst, wie ihr das machen sollt, dann ist es Zeit für etwas anderes. Wenn ihr abnehmen wollt, dann wäre schnelles Spazierengehen oder Walken die bessere Wahl. Schont zudem die Gelenke. Und dann noch Intervall-Sprints dazu und einige der anderen Übungen, die ich bereits beschrieben habe, dann seid ihr auf der sicheren Seite und werdet zudem noch abnehmen. Das Körperfett wird abgebaut und Muskeln werden gleichzeitig aufgebaut. Es findet eine Wandlung statt. Euer Körper transformiert. Allerdings dauert dies eine Weile. Einfach dranbleiben und immer alles geben, was geht. Das reicht schon. Die Umwandlung kann beginnen.

Die 5 Tibeter

Diese Übungen habe ich vor Jahren eine Zeitlang täglich praktiziert. Sehr gut zur allgemeinen Stärkung des ganzen Körpers. Allerdings ist bei fortgeschrittenen Anwendern der Zeitaufwand schon relativ hoch (ca. ½ Stunde täglich). Und die Übungen sollten in immer der gleichen Reihenfolge gemacht werden. Sie sind aufeinander abgestimmt.

Fortgeschrittene machen jeweils 21 Wiederholungen von

1. Tibeter: im Uhrzeigersinn drehen
2. Tibeter: Beinheben
3. Tibeter: Zurücklehnen
4. Tibeter: Brücke
5. Tibeter: Kopf in den Nacken

Du kannst auch noch den 6. Tibeter machen: Ausatmen

Du solltest die Tibeter auf leeren Magen machen (oder ca. 3 Stunden nach der letzten Mahlzeit).Hierzu gibt es sehr viel Lektüre. Du kannst dir die Übungen auch im Netz anschauen. Mit etwas Übung gut zu machen. Bei Leuten mit geregeltem Lebensablauf wäre es sinnvoll, die Übungen jeden Tag zur gleichen Zeit zu machen.

Training zu Hause ohne Hilfsmittel

Isometrisches Training

Bei der isometrischen Muskelspannung wird keine Bewegung ausgeführt im Gegensatz zur isotonischen. Hier reicht ein Training mit Maximalkraft von 3 Sekunden vollkommen aus. Ist sehr hilfreich und unterstützend für andere Sportarten. Auch bei der Rast während längerer Autofahrten sehr hilfreich. Gängige Übungen sind, dass du die Handflächen bei fast gestreckten Armen gegeneinander drückst. Ebenso die Variante mit angewinkelten Armen. Ebenso kannst du deine Finger ineinander haken und auseinanderziehen.

Variante angewinkelte Arme   Variante gestreckte Arme

Du spürst sofort, welche Muskeln beteiligt sind!

Finger einhaken und auseinanderziehen

linke Hand außen

Hacker-Kniebeuge/Hacker

Gehe in die Position, in der du eine Kniebeuge ausführen willst. Strecke dann die Arme nach oben aus und gehe ein Stück nach unten (wie wenn du dich setzen willst). Dann verharre in der Position und führe mit den Armen kleine schnelle Hackerbewegungen aus.Die Bewegung kommt aus den Schultern. In der Position kannst du dich auch noch mit dem Oberkörper etwas nach vorne beugen. Denn **Hacker** kannst du auch im Sitzen machen. Etwas vorbeugen, Arme strecken und loslegen.

Lat-Zug in der Kniebeuge

Gehe in dieselbe Position wie bei der Hacker-Kniebeuge bzw. beim Hacker. Du beugst dann hier den Oberkörper nach vorne um etwa 45 Grad. Die Arme gehen gestreckt über den Kopf. Die Arme werden nun langsam nach hinten und unter gesenkt, als wolltet ihr die Schulterblätter zusammenführen. Dann die Arme wieder nach oben führen. Geht auch im Sitzen auf einem Stuhl am Schreibtisch. Sehr gute Übung für den Schultergürtel und den Rücken. Im Stehen auch für die Beinmuskeln.

Weitere Übungen: Springen, Hüpfen, Trippeln
Laufen auf der Stelle, Knieheben

Im Folgenden noch einige Beispiele für diverse Übungen, bei der ihr springt, hüpft, auf der Stelle lauft, trippelt und dergleichen. Macht einfach das, was euch zusagt und was ihr machen könnt. Und das so schnell und intensiv wie möglich. Allerdings mit korrekter Technik.

Abwechselndes Knieheben zum Ellbogen

Training zu Hause ohne Hilfsmittel

Beinschwingen hintere und vordere Position

Fördert den Sinn für Gleichgewicht und Stabilität.

Diese Übung könnt ihr jederzeit und überall machen. Auch wenn ihr mal warten müsst an der Bushaltestelle oder dergleichen. Falls ihr nicht so sicher seid, dann stützt die Arme nicht in die Hüften, sondern haltet sie seitlich und gleicht so den Schwung der Beine aus. Auch kannst du dich irgendwo festhalten, etwa an einem Gartenzaun, einer Wand oder im Freien an einem Baum oder an einer Parkbank.

Training zu Hause ohne Hilfsmittel

Steigen auf eine Parkbank und Knieheben im Wechsel **Beidbeiniges Springen auf die Parkbank und zurück**

Hier gibt es natürlich wieder diverse Varianten. Du kannst austesten, was dir am besten zusagt. Du kannst die Varianten wieder schnell oder langsam machen. Auf jeden Fall sollte die Technik nicht darunter leiden. Anstatt der Parkbank kannst du auch zu Hause einen Stuhl nehmen oder eine Box aufstellen. Es gibt da Boxen mit verschiedenen Höhen. Oder du hebst einfach nur im Wechsel die Knie im Stehen.

Sonderübungen: Halteübungen/Plank, Bergsteiger/ Mountain Climber, Dips

Nachstehend noch einige spezielle Übungen, die ich gesondert erwähnen möchte, weil sie aus dem üblichen Rahmen fallen aufgrund ihrer Bewegung, Nicht-Bewegung oder auch nur Teil-Bewegung (ihr werdet gleich sehen, was ich damit meine).

Halteübung, sogenannte Plank oder auch Planke genannt

Der gesamte Körper ist angespannt. Fördert eine gute Bauchmuskulatur und einen knackigen Po (Gluteus maximus). Sollte idealerweise etwa 30-60 Sekunden gehalten werden. Es können auch mehrere Durchgänge gemacht werden.

Training zu Hause ohne Hilfsmittel

Bergsteiger oder Mountain-Climber genannt

Ausgangsposition ist die gleiche wie beim Liegestütz. Es wird dann abwechslungsweise jeweils ein Knie nach vorne geführt. Das andere Bein bleibt hierbei fast gestreckt. Dann kommt das andere Knie nach vorne und das andere Bein geht in die Streckung (bzw. leicht angewinkelt). Nach etwas Übung kannst du dann auch springen. Das heißt, bevor das angewinkelte Knie ganz nach hinten gestreckt wird, springst du mit dem fast gestreckten anderen Bein in die Position, in der das Bein angewinkelt ist. Hört sich komplizierter an als es ist. Wie beim Bergsteigen, nur auf der Ebene.

Training zu Hause ohne Hilfsmittel

Dips oder Trizepsbeugen an einer Parkbank

Endposition kurz vor dem Hochdrücken

Dips kannst du fast überall durchführen. Wie erwähnt an einer Parkbank, daheim an einem Stuhl, einem Sofa oder draußen an einem Geländer. Oder auch im Fitness-Studio oder im eigenen Keller an sogenannten Dips-Holmen oder Dips-Stangen. Dips sind eine spezielle Isolationsübung für den Trizeps (Armstrecker). Die Beine bewegen sich hier nicht. Je nach Stellung wird die Schulter auch noch beansprucht.

Dehn-und Aufwärmübungen

Die nachstehenden Übungen können jederzeit, zwischendurch, vor dem Training zum Aufwärmen oder einfach mal so gemacht werden. Oder auch nach dem Training.

Es handelt sich um Übungen, die die Muskeln dehnen, aufwärmen, durchbluten und in Gang bringen.

Dehnübungen gibt es für den ganzen Körper. Egal ob für die Brust, die Schultern, den Rücken, den Nacken, die Arme oder die Beine. Allerdings ist es nicht erforderlich, diese ganzen Übungen zu machen. Je nachdem was ihr trainiert, könnt ihr gezielt aussuchen, welche Körperbereiche ihr dehnen wollt. Es gibt auch Ganzkörper-Aufwärmübungen, die nicht arg viel Zeit in Anspruch nehmen.

Bei Dehnübungen gibt es diverse Arten. Es gibt zunächst das statische Dehnen. Hier nimmst du langsam eine Dehnposition ein und hältst diese dann. Meist so 10-15 Sekunden.

Dann gibt es das dynamische Dehnen. Quasi mit Bewegung. Auch federndes Dehnen genannt. Meist auch 10-15 Abläufe pro Übung.

Beide Varianten haben ihre Vorteile. Probiert es aus. Was ich festgestellt habe, entsteht bei den Dehnübungen zunächst eine leichte Spannung in der entsprechenden Muskulatur. Die Spannung lässt dann mit der Zeit nach und es entsteht ein angenehmes Gefühl im Muskel. Wenn allerdings ein Schmerz stattdessen ankommt, solltet ihr damit aufhören. Dann ist irgendeine Störung vorhanden. Nicht zu verwechseln aber mit einem Muskelkater vom letzten Training.

Nachstehend nur einige Dehnübungen zum besseren Verständnis für diese Materie. Es gibt hier im Netz ganze Abhandlungen des Dehnens, Aufwärmen und Abwärmen.

Schulterdehnung/Arme rotieren kreisförmig nach vorne oder nach hinten

Training zu Hause ohne Hilfsmittel

Schulterrollen (nach oben und hinten/unten)

statisches Dehnen der Beinmuskulatur

Dehnung der Oberschenkelvorderseite

Die Hüfte des angewinkelten Beines wird hier jeweils nach vorne geschoben. Das dehnt noch etwas mehr.

Vorerst lasse ich es mal bewenden mit Dehnübungen. Im Kapitel im „Fitness-Studio" werde ich hierzu noch einige Anmerkungen machen und weitere Beispiele für entsprechende Übungen geben. Hier auch nach dem Training zum dehnen und „abwärmen" der Muskeln.

Training unterwegs/im Urlaub

Im Prinzip kannst du unterwegs und/oder im Urlaub all das machen, was ich im vorherigen Kapitel Training zu Hause ohne Hilfsmittel beschrieben habe. Es werden nicht immer alle Übungen überall durchführbar sein, aber es gibt immer eine Möglichkeit, Übungen zu machen. Und du kannst zu jeder Zeit trainieren, ohne jemanden zu stören. Also: <u>Sei kreativ!</u>

Ich bevorzuge hier natürlich das Training im Freien, vor allem im Urlaub. Aber selbst im Hotelzimmer, der Pension oder wo auch immer kannst du immer Übungen machen, ohne viel Platz zu benötigen. Auch im Bus oder an der Bushaltestelle sind Übungen möglich, ohne dass andere Personen gestört werden. Bestimmte Übungen werden sie gar nicht mitbekommen. Beispielsweise wie schon beschrieben kannst du hier isometrische Übungen machen. Sitzend im Bus kannst du die Oberschenkel anspannen und mit den Händen gegen die Knie drücken. Fällt niemanden auf. Wenn es dich nicht stört, dass andere Leute etwas verwirrt schauen, kannst du auch an der Bushalte Liegestütze an der Bank oder auch Dips machen. Du wirst feststellen, dass die Leute dann zumeist ein Gespräch suchen und von dir wissen wollen, was du da machst und wieso dort. Wenn du dann deine Erklärung dazu abgibst, erntest du meist große Zustimmung oder Äußerungen wie „das könnte ich ja auch machen, ich hab mich nur nicht getraut". Also wie gesagt, du störst niemanden, machst keinen Krach und brauchst nicht mehr Platz als beim Sitzen oder Stehen.

Training unterwegs/im Urlaub

Die Leute sind es nur noch nicht so gewohnt, dass jemand außerhalb eines Studios und ohne Skateboard und nicht gerade am „Muscle-Beach in Venice, Kalifornien" Körperübungen durchführt. Allerdings ist diese Variante wesentlich besser, als nur herumzuhängen und seine Zeit zu verschwenden. Und du bleibst fit und gesund. Selbst nach einer längeren Autofahrt kannst du während der Pause auf dem Rastplatz diverse Übungen machen, die die Durchblutung der Muskulatur anregen und dich erfrischen. Ein paar positive Liegestütze an einer Parkbank, einige schnelle Kniebeugen, isometrische Übungen oder eine paar Dehnübungen für die Brust, Schultern oder die Beinmuskulatur. Wenn ihr das vorige Kapitel aufmerksam gelesen habt, werdet ihr bereits in der Lage sein, jederzeit und überall zu trainieren und Übungen zu machen. Nur um dem Nachdruck zu verleihen und dies etwas anschaulicher zu gestalten nachfolgend einige Beispiele von Übungen, um euch zu inspirieren.

Orangerie in Darmstadt/Hessen

Training unterwegs/im Urlaub

während eines Spaziergangs in Darmstadt

Es eröffnen sich überall Möglichkeiten für ein kurzes aber intensives Training.

Training unterwegs/im Urlaub

Warten auf den Bus in Vigo/ Dolomiten/Südtirol

auf dem Trimm-Dich-Pfad bei Campitello die Fassa/ Dolomiten/Südtirol

Bekannterweise gehen die Uhren in Italien, wie auch hier in den Südtiroler Dolomiten, etwas anderst. Es ergibt sich wie hier an der Bushaltestelle natürlich die Möglichkeit für einige Übungen. Positive Liegestütze boten sich hier an.

Bei einem Spaziergang durften es auch einige Übungen entlang des bestens präparierten „Trimm-Dich-Pfades" sein.

Egal wo, in welchem Ort oder Land auch immer, es ergeben sich überall derartige Möglichkeiten für ein Training.

Training unterwegs/im Urlaub

Während einem Spaziergang ein paar schnelle Dips

oder einige positive Liegestütze

Wie ihr seht, irgendwas geht immer, wenn ihr wollt. Und wenn es nur ein paar Kniebeugen, Liegestütze oder Dips sind. Auf die Schnelle während einem Spaziergang, während ihr irgendwo wartet oder auf dem Weg von oder zur Arbeit. Vermutlich dann eher auf dem Weg von der Arbeit nach Hause. Und es schadet nicht, sich zu bewegen. Wenn ihr laufen könnt, macht dies. Mit dem Fahrrad, auch in Ordnung. Nehmt die Treppe (und hier ist nicht die Roll-Treppe gemeint). Macht einen Spaziergang. Gleichzeitig bekommt ihr da euren Kopf frei. Und ich meine mit Spaziergang nicht Laufen und gleichzeitig aufs Handy starren oder schreiben. Das könnt ihr immer noch. Einfach sich mal bewegen und nicht irgendwas erledigen wollen. Nehmt euch diese aktive Auszeit.

Natürlich kannst du auch einige der im folgenden Kapitel beschriebenen Hilfsmittel mitführen (im Auto, in den Urlaub). Allerdings verzichte ich im Urlaub meist darauf. Dort kannst du zwischendurch mal ein schnelles Training ohne Hilfsmittel einlegen. Aber es steht nichts entgegen, derartige Hilfsmittel mitzunehmen und auch anzuwenden.

Mit Hilfsmittel meine ich natürlich die nachfolgend beschriebenen Teile, nicht sonstige Hilfs-Mittelchen. Von solchen solltest du die Hände lassen (werde ich später noch darauf zurückkommen).

Training zu Hause mit Hilfsmittel

Es ist nicht unbedingt erforderlich, dass Hilfsmittel für dein Training eingesetzt werden, aber von einigen bin ich selbst überzeugt und setze diese auch ein. Die Kosten dafür halten sich in Grenzen. Aber der Effekt ist ungemein gut. Im folgenden stelle ich einige Hilfsmittel vor (aus der Anzahl unzähliger...). Allerdings taugen hier nicht alle. Gerade die, welche in der Werbung so toll angepriesen werden, halten meist nicht das, was sie versprechen. Hier habe ich auch schon so einiges ausprobiert. Demnach kann ich ganz gut einschätzen, was überhaupt einen Sinn macht. Die nachfolgend dargestellten Hilfsmittel halte ich für wirkungsvoll, da ich sie selbst getestet habe und auch benutze. Allerdings muss jeder selbst entscheiden, wo seine Vorlieben liegen. Es ist nicht jedes Hilfsmittel für jeden geeignet.

Kugelhanteln (Kettlebells)

Es handelt sich hierbei um Hanteln, die aussehen wie Kanonenkugeln mit Griff. Mit diesen haben schon seit Jahrhunderten Kraftsportler und Armeeangehörige trainiert, um sich in Form zu bringen und fit zu halten. Auch der Secret Service testet damit seine „Agents". Die wichtigen Übungen stelle ich nachstehend vor.

Training zu Hause mit Hilfsmittel

Wem das Training mit einer Kugelhantel gefällt, hier gibt es hervorragende Bücher. Empfehlenswert sind hier natürlich das Buch und die DVD Kettelbell-Training von Pavel Tsatsouline. Pavel gilt als Master der Kettlebells und war zudem noch Ausbilder der russischen Spezialeinheit „Spetsnaz". Absolut unkompliziert und effektiv. Auch im Netz gibt es hier unter Kettlebell und Kettlebelltraining genug zu sehen, wer daran Interesse hat. Zu bekommen sind Kettlebells von 2 kg bis über 50 kg für einen relativ geringen Preis. Es gibt sie pur gegossen oder gepolstert und auch farbig oder schlicht schwarz. Aber wenn du nicht gerade Kraftsportler bist, reichen ehrlich gesagt Gewichte bis etwa 24 kg für unsere Zwecke aus. Ich selbst habe Gewichte von 10, 16 und 24 kg daheim. Reicht völlig. Wenn du meinst, du brauchst mehr, zeige ich dir Übungen, bei der du mit der 16 kg-Kugelhantel an deine Grenzen kommen wirst. Glaube es mir. Du kannst mit den Kugelhanteln sowohl deine Kraft als auch deine Ausdauer sowie deine Kraftausdauer trainieren (später mehr).

Die wichtigsten Übungen mit der Kettlebell sind wohl der **Kettlebell-Swing** und der **Military-Press.** Dann noch den **Thruster**, den **Clean** und den **Snatch.** Zum Aufwärmen oder zum Schluß kannst du noch „**Around The Body**" anwenden. Hört sich jetzt wild an und mit den Begriffen wirst du natürlich überfordert sein. Aber ich werde dir diese Übungen im einzelnen genau erklären. Wer schon mal mit Kurzhanteln trainiert hat oder im Fitness-Studio war, wird von den Kugelhanteln begeistert sein.

Training zu Hause mit Hilfsmittel

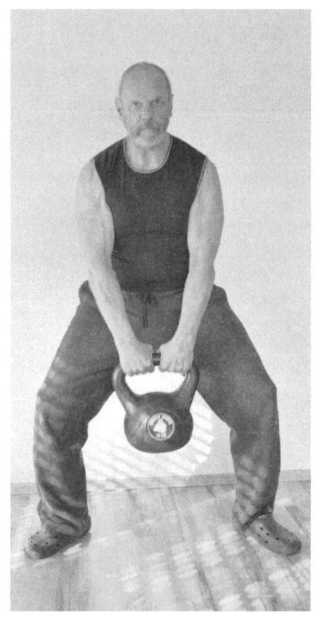 

Startposition beim Swing   **mittlere Position**

Die Kugelhantel (Kettlebell) wird durch die Beine geschwungen und bis vor den Körper gebracht bis etwa Brusthöhe. Bei der Aufwärtsbewegung werden die Hüfte und die Knie gestreckt. Die Bewegung geht von den Hüften aus. Das Gesäß bei der Abwärtsbewegung möglichst weit nach hinten drücken. Die Knie beugen sich dann automatisch.

Training zu Hause mit Hilfsmittel

Kurz vor der Endposition

Die Kugelhantel wird auf Brusthöhe geschwungen. Wenn du schon etwas fortgeschrittener bist und das Gewicht im Griff hast, kannst du auch bis über Kopfhöhe schwingen und dann die Hantel stoppen. Aber das bedarf einiger Übung und vor allem die Kontrolle über das Gewicht. Bei höherem Gewicht solltest du dir hier keine Fehler leisten. Mit leichterem Gewicht beginnen und sich dann hocharbeiten. Dann passt es.

Military-Press während dem Hochdrücken

Der **Military-Press** ist eine sehr komplexe Übung, die sich in einzelne Schritte unterteilt. Die Kugelhantel wird mit einer Hand aufgenommen und in die Clean-Position geführt. Das heißt, sie wird mit Schwung hochgeführt, eingedreht und auf der Schulter/Brust zunächst kurz aufgelegt. Das verhindert, dass der Rest mit Schwung ausgeführt wird. Die freie Hand ist frei in der Luft oder ruht auf der Hüfte. Anschließend wird die Kugelhantel in einem Bogen vom Kopf weg nach oben gedrückt. In gleicher Weise wird die Hantel dann wieder nach unten geführt und entweder abgestellt oder eine neue Bewegung begonnen. Die Übung sollte so lange gemacht werden, bis die Abläufe klar sind und korrekt ausgeführt werden können. Zunächst mit leichtem Gewicht, das ihr nach und nach steigern könnt. Aber nur so weit, wie ihr das Gewicht noch voll kontrollieren könnt. Lasst euch hier nicht verleiten, ein schweres Gewicht zu nehmen. Auch ein Aufwärmen der Schultern ist hier angezeigt. Ansonsten könnt ihr euch leicht einmal eine Muskelzerrung einfangen. Eine saubere Technik ist hier unerlässlich.

Wenn ihr aber soweit seid, korrekt mit entsprechendem Gewicht zu trainieren, stellt sich sehr schnell der Erfolg ein. Das heißt, mehr Ausdauer, mehr Kraft und mehr Kraftausdauer. Und ihr fühlt euch gut nach dem Training. Ihr habt einiges geleistet. Aber vor dem Erfolg kommt die Arbeit. Wie gesagt, der Press oder über Kopf-Drücken ist eine der komplexesten Übungen mit der Kettlebell. Wenn ihr diese allerdings beherrscht, könnt ihr fast alles andere mit Gewichten anstellen.

Die Hauptübungen mit den Kugelhanteln wurden somit vorgestellt. Das sind der Swing und der Press oder Military-Press genannt. Die weiteren Übungen sind Abwandlungen von diesen. Das wären dann im folgenden :

Der **Thruster** beginnt mit der Position, wo die Hantel auf der Schulter/Brust ruht. Dies kann mit einer Hantel oder bei Fortgeschrittenen auch mit zwei Hanteln auf jeder Seite ausgeführt werden. Wir beschränken uns mal auf die Ausführung mit einer Kugelhantel. Wenn die Hantel also stabil ruht, wird eine Kniebeuge ausgeführt. Am Schluss der Kniebeuge wird die Hantel über Kopf nach oben gedrückt wie beim Press/Military-Press. Dann wieder zurück in die Halteposition und erneute in die Kniebeuge gehen. Den Thruster kannst du auch mit Hanteln machen. Mit einer oder mit zweien.

Der **Snatch** beginnt ebenfalls wie beim Press. Die Hantel wird vom Boden aufgenommen und nach oben geführt. Allerdings hier mit einem Schwung über den Kopf bringen. Hier ist es wichtig, rechtzeitig den Schwung zu stoppen und das Handgelenk nach oben zu bringen. Ansonsten schlägt die Hantel gegen das Handgelenk und den Unterarm. Hier ist es auch empfehlenswert, nicht ganz so viel Gewicht zu verwenden wie beim Swing oder Press. Der Snatch ist eine Beschleunigungs-und Abbremsübung. Erfordert also auch einiges an Übung. Die Technik könnt ihr mit leichtem Gewicht erlernen und dann steigern.

Der **Clean** ist der Weg von der Startposition bis hin zum Auflegen auf der Schulter/Brust. Die Vorstufe zum Clean&Press. Nur dass du nach dem Clean wieder in die Ausgangsposition gehst.

Around The Body oder kurz **ATB** genannt ist eine Übung, die du immer machen kannst. Vornehmlich auch als Aufwärmübung vor den anderen Übungen. Du kannst sie aber auch als eigenständige Übung machen.Sie kann dich ganz schon fordern, wenn du hier „Gas gibst".

Es gibt natürlich Abwandlungen der Übungen und auch vielerlei Unsinn. Die beschriebenen Übungen reichen dir für ein ordentliches Training völlig aus. Du brauchst hier keine Spezialübungen.

Eine Übung habe ich noch ausgelassen. Aber hierbei handelt es sich um eine sehr komplexe Übung für Fortgeschrittene, die bei nicht ganz korrekter Ausführung eventuell eine Verletzung nach sich ziehen kann. Es handelt sich hier um eine Ganzkörperübung, genannt **Get-Up** oder **Turkish Get-Up**.

Auf dem Boden liegend nimmst du die Kugelhantel auf und führst sie während des Aufstehens über den Kopf und das ganze dann rückwärts, bis du wieder auf dem Boden liegst. Nicht gerade für jeden geeignet. Auch für Leute, die Probleme mit dem Rücken oder den Knien haben, nicht geeignet. Wenn du allerdings gesund bist und du dir die Übung erarbeitest, kann sie ganz schön fordernd sein und ein komplettes Ganzkörper-Workout ersetzen.

Training zu Hause mit Hilfsmittel

Hier noch einige Bilder zu den zuvor beschriebenen weiteren Übungen mit der Kettlebell.

vom Start aufwärts   **Endposition Clean**

Die Übung ist zunächst dynamisch und wird dann Richtung Endposition langsamer.

Training zu Hause mit Hilfsmittel

Bis über den Kopf   mit leichtem Gewicht beginnen

Es ist nicht wichtig, was ihr für eine Kugelhantel benutzt. Ob eine Kettlebell oder eine mit Sand gefüllte Kugelhantel. Beide erfüllen ihren Zweck. Wer etwas Routine hat, kann das Gewicht dann steigern.

Training zu Hause mit Hilfsmittel

Diese Übung nennt sich Around The Body (ATB) oder auch „Um den Körper".

Das heißt, ich führe die Kugelhantel am Körper vorbei und übergebe sie dann in die andere Hand, so daß sie einmal um den ganzen Körper gelangt. Ich kann dies links herum sowie auch rechts herum machen. Am besten so 50 Mal links, dann 50 Mal rechts rum. Ich übergebe die Hantel von der einen Hand in die andere mal hinter dem Rücken, mal vor dem Körper. Je nachdem, in welche Richtung ich drehe. Eine sehr schöne Übung für Koordination und Timing.

Training zu Hause mit Hilfsmittel

Hier noch ein Beispiel für Laufen mit dem Gewicht

Zunächst bringst du das betreffende Gewicht über Kopf mit einem Arm. Anschließend stabilisierst du es. Du solltest es kontrollieren. Dann läufst du mit dem Gewicht umher. Vorwärts, im Kreis, rückwärts. Dann kannst du mit dem anderen Arm dasselbe machen. Eine sehr gute Übung für die Schultern, die Koordination und Halten des Gleichgewichts.

Training zu Hause mit Hilfsmittel

Das Gewicht zur Hochstrecke bringen

Das Ziel von jedem Military-Press, Press und Snatch !

Training zu Hause mit Hilfsmittel

Keulen (Clubbells)

Dieses Trainingsgerät ist schon sehr lange in verschiedenen Kulturen in Gebrauch. Früher benutzten sie hauptsächlich japanische und indische Ringer zur Stärkung des Körpers. Ein ebenso hervorragendes Training wie mit den Kettlebells.Die Keulen können sowohl einzeln mit beiden Händen als auch in jeder Hand eine Keule benutzt werden. Diese Trainingsgerät sollte aber nicht unterschätzt werden, vor allem wenn ein höheres Gewicht für die Übungen verwendet wird. Im Netz gibt es natürlich eine Fülle von Demos und Videos. Bücher hiervon sind rar gesät (leider).

Training zu Hause mit Hilfsmittel

Wer zum ersten Mal eine Keule/Clubbell sieht, der ist überrascht. Die Keule sieht ähnlich aus wie ein Baseball-Schläger. Nur dass Keulen in der Größe ein mehrfaches schwerer sind. Die gängigsten Größen fangen bei 1 kg an und gehen hoch bis 20 kg. Die Keulen werden auch je nach Gewicht immer größer. Ich selbst habe derzeit 2 Keulen zu je 4 kg und eine Keule mit 12 kg. Damit lässt sich schon ein ordentliches Training bewerkstelligen. Für die Damenwelt darf es dann auch schon etwas weniger sein. Für ein knackiges Training braucht es nicht immer ganz schwere Gewichte. Die Anschaffungskosten hier sind relativ gering. Die 20 kg-Keule kostet natürlich mehr als die 12 oder 15 kg-Keule. Aber die Keulen mit 15 und 20 kg sollten eh nur Fortgeschrittene verwenden. Aber es sind alle bezahlbar. Früher waren manche Keulen aus schwerem Holz, aber die gängigsten heute sind aus massiv gegossenem Stahl. Deshalb können auch sehr kleine Keulen ein sehr hohes Gewicht haben. Ihr werdet staunen. Wer die Keulen mal ausprobiert und Spaß daran hat, kann sich natürlich hier diverse Gewichte zulegen. Bei regelmäßigem Gebrauch wird sich hier ein Erfolg schnell einstellen und du kannst auch die Gewichte steigern. Allerdings solltest du hier eher langsam steigern, da sich die Muskulatur erst an diese Art von Bewegung gewöhnen sollte. Hier ist es auch besonders wichtig, sich warm zu machen. Vor allem den Schultergürtel gut erwärmen, bevor du mit höheren Gewichten hantierst. Wenn du erst mal die Bewegungen verinnerlicht hast und auch etwas Routine, können Übungen mit diesem Trainingsgerät so richtig Laune machen. Es kann auch zur „positiven Sucht" werden.

Training zu Hause mit Hilfsmittel

Übungen mit den Keulen und deren Abwandlungen gibt es sehr viele. In dem Bereich kannst du auch ausprobieren. Aber hier gibt es wie schon gesagt sehr gute Videos im Netz. Wer etwas nachforscht, kann auch das eine oder andere Buch erhaschen. Allerdings die wenigsten in deutscher Sprache. Aber anhand der Bilder kannst du nachvollziehen, was gemeint ist. Im Zusammenhang mit den Keulen fallen dann auch mal Begriffe wie **Swings, Side Swings, Clean und Side Clean, Barbarian Squat, Gamma Cast oder Mills.** Ich könnte euch noch mit vielen mehr zutexten, aber das wäre nicht sinnvoll. Der von euch, der richtig Spaß dran hat, kann sich entsprechend informieren. Nachstehend möchte ich hier noch einige Übungen vorstellen, die ich selbst praktiziere, wenn es meine Zeit zulässt oder ich mal wieder Abwechslung in mein Training bringen möchte.

Training zu Hause mit Hilfsmittel

Beim Clean wird die Keule vor den Körper gebracht

Je näher zum Knauf gefasst wird, desto schwieriger und komplexer ist diese Übung!

Training zu Hause mit Hilfsmittel

Für diese Power-Übung ist eine enorme Konzentration erforderlich

Training zu Hause mit Hilfsmittel

Das erstaunliche an den Übungen mit der Keule ist, dass der Schwerpunkt relativ weit vom Griff entfernt ist. Das erfordert einiges an Kraft und Timing, auch an Stabilität und Konzentration. Bei fast keinem Sportgerät liegt der Schwerpunkt so weit weg vom Zentrum, das heißt, dort wo ich greife. Aber das macht es ja auch gerade so spannend. Bevor du aber mit zwei Keulen agierst oder schwere Gewichte benutzt, mach dich erst vertraut mit dem oben erwähnten Umstand (Schwerpunkt).

sogenannte Clubbell- Mills

Training zu Hause mit Hilfsmittel

Die Clubbell-Mills sind eine Schwungübung, die abwechselnd mit dem rechten und dem linken Arm ausgeführt werden. Bei dieser Übung ist der Arm, die Schulter, der Rücken und der Bauch beteiligt. Also der ganze Oberkörper. Sogar noch die Beinmuskulatur in der Drehung. Die Keule wird mit einer Hand außen am Körper vorbei geschwungen, dann mit einer Schulterdrehung in die andere Richtung befördert und dasselbe wiederholt sich dann mehrmals. Die Hauptarbeit wird vom Schultergürtel gemacht bei der Drehung, nicht vom Arm. Schaut euch das ganze mal im Netz an. Es erfordert einiges an Koordination. Aber wenns mal läuft, macht es richtig Laune.

mit dem anderen Arm

Bevor ich mit diesem Trainingsgerät schließe, möchte ich euch noch zwei Übungen vorstellen. Zum einen ist das der sogenannte **Arm Cast** und der **Gamma Cast**. Beim Arm Cast sowie beim Gamma Cast wird die Keule zunächst wie beim schon erwähnten Clean mit Schwung vor den Körper gebracht. Von dieser Position aus wird beim Arm Cast die Keule mit beiden Händen über den Kopf Richtung Rücken geführt und wieder zurück. Beim Gamma Cast wird die Keule aus der Clean-Position zuerst links um den Kopf geführt, dann rechts herum. Beide Übungen sind sehr intensiv und bedürfen einiges an Übung. Aber nach einiger Zeit werdet ihr das drauf haben und der Effekt hier ist enorm. Von Kraftzuwachs über Ausdauer und bessere Beweglichkeit ist alles drin. Wie schon gesagt, bei Interesse daran gibt es genug Material im Netz.

Medizinball (Medicine Ball/Med Ball)

Dieses Trainingsgerät ist leider etwas in Vergessenheit geraten seit den Jahren des Schulsports. Zu Unrecht wie ich finde. Heute gibt es zu den damaligen Bällen diverse tolle Weiterentwicklungen, wobei der originale Medizinball auch seinen Zweck erfüllt. Die heutigen Medizinbälle heißen jetzt Wall Ball oder Slam Ball oder dergleichen. Sie sind meist aus Vollgummi oder ähnlichem Material. Sie sind sehr preisgünstig und fast nicht kaputt zu kriegen (na ja, ich hab es schon geschafft; vielleicht lag es am Material. Oder ich hab es zu stark beansprucht. Habe aber ohne Probleme sofort Ersatz bekommen).

Training zu Hause mit Hilfsmittel

hier mit dem 6 kg MB

Training zu Hause mit Hilfsmittel

Medizinbälle gibt es in fast allen Gewichtsklassen. Die gängigsten gehen von 1 kg bis 10 kg. Es gibt auch Bälle mit wesentlich mehr Gewicht. Aber für unsere Zwecke reicht der oben erwähnte Bereich vollkommen aus. Ich habe bereits einige Erfahrung mit diesem Trainingsgerät. Und ich trainiere derzeit mit einem 6 kg Ball. Für einen Anfänger mit diesem Gerät würde ich einen Ball mit etwa 3 kg empfehlen. Hört sich jetzt wenig an. Aber nach eurem ersten Training und dem Muskelkater danach werdet ihr überrascht sein. Da genügen schon zwei bis drei verschiedene Übungen. Aber gewöhnt euch zunächst an die Handhabung mit dem Ball und macht euch damit vertraut. Danach könnt ihr ein Training mit dem Timer (auf Zeit) angehen. Aber dazu später mehr im Kapitel Trainingsmethoden. Noch zu erwähnen wären die Medizinbälle mit Griffen. Mit diesen könnt ihr sehr gute Übungen machen. Mit dem Medizinball und dem mit Griffen gibt es unzählig viele Varianten des Trainings. Ich werde hier nicht alle erwähnen. Wenn also eine Variante, welche ihr trainieren wollt, hier nicht dabei ist, keine Sorge. Probiert es aus und macht euch vorher schlau. Es gibt hier auch wieder genug Material. Mit den Varianten des Trainings mit dem Medizinball könnte ich allein ein ganzes Buch füllen. Das würde aber hier zu weit führen. Nachfolgend beschreibe ich einige wenige Übungen, mit der sich ein sehr gutes Training bewerkstelligen lässt. Falls ihr in einem Sportverein seid, könnt ihr dort auch Partnerübungen mit dem Medizinball machen. Hier gibt es sehr gute Übungen für Kraft, Ausdauer, Koordination und Beweglichkeit. Ich gehe später noch kurz darauf ein.

Training zu Hause mit Hilfsmittel

Zunächst befassen wir uns mit Übungen, die ihr allein machen könnt. Ihr braucht dazu nur einen stabilen Untergrund oder/und eine stabile Wand. Ist in der Wohnung nicht zu empfehlen. Vielleicht im Keller, in der Tiefgarage oder bevorzugt im Freien oder in der Garage. Wenn ihr Übungen macht, bei denen der Ball an eine Wand geworfen wird, klärt das vorher ab, ob diese Möglichkeit besteht. Ideal geht dies natürlich in einer Turnhalle. Es gibt auch Übungen mit dem Medizinball, ohne dass dieser irgendwo dagegen geworfen wird. Dies ist beispielsweise die **Kniebeuge mit dem Ball und anschließendem Hochwerfen und Fangen.** Könnt ihr auch mit dem Ball mit Griffen machen. Hier wird der Ball nicht hochgeworfen, sondern über den Kopf geführt und wieder zurück. Ebenfalls sehr effektiv. Auch könnt ihr **Liegestütz** machen. Mit der einen Hand auf dem Ball und mit der anderen auf dem Boden. Dann wechseln. Ebenso könnt ihr den Ball mit beiden Händen vor dem Körper halten. Dann streckt ihr die Hände nach vorne aus und haltet den Ball dort kurz. Dies wiederholt ihr dann mehrmals. Dieses **Halten vor der Brust** stärkt den Oberkörper, hauptsächlich die Brust, den Trizeps und die Schultermuskeln. Und natürlich die Bauchmuskeln. Diese sind bei allen Übungen gefordert. Bei allen Übungen sollten diese auch unbedingt leicht angespannt werden. Vom Halten vor der Brust könnt ihr den Ball auch dann **über Kopf** bringen. Dies fordert den Rücken und die vordere Schulter. Auch könnt ihr aus der Position vor der Brust den Ball nach links und rechts drehen. Für die seitlichen Bauchmuskeln. Oder ihr übergebt den Ball von der einen in die andere Hand (Schulterrotation).

Training zu Hause mit Hilfsmittel

Wir befassen uns jetzt mit dem sogenannten **Wall Ball**, den Ball an die Wand werfen. Dies kann unterschiedlich erfolgen. Mit **beiden Händen** an die Wand werfen und wieder fangen. Der Stand ist stabil, etwa schulterbreit, Knie leicht angewinkelt, Bauchspannung. Der Druck erfolgt von der Brust aus Richtung Wand. Oder **nur mit jeweils einer Hand** an die Wand werfen und mit beiden Händen wieder fangen. Oder **mit beiden Händen seitlich** mit dem Ball am Körper rechts oder links vorbei und dann gegen die Wand werfen und wieder fangen. Oder den **Ball über den Kopf** führen und von dort aus gegen die Wand werfen und wieder fangen.

Mit beiden Händen

Man könnte den Wall Ball, also den Ball an die Wand werfen, auch als **Druckpass** bezeichnen, weil er ja mit Druck geworfen wird. Allerdings kann er auch mit Druck auf den Boden geworfen werden. Und somit wären wir bei den Varianten des **Slam Ball**. Hier wird der Ball in Varianten nicht an die Wand, sondern auf den Boden geworfen. Und zwar auch unter erheblichem Druck. Die Kraft kommt hier zumeist aus den Schultern und den Armen und auch von der Brust. Die Variante mit beiden Armen ist die gleiche wie bei der an der Wand. Der Ball wird vor der Brust gehalten und mit Druck nach unten befördert. Und zwar so, dass er wieder so hoch springt, dass ihr ihn bequem wieder fangen könnt. Wenn er zu wenig hochkommt, habt ihr zu wenig Druck reingelegt. Auch könnt ihr dies mit nur dem rechten oder dem linken Arm machen. Es gibt also auch hier die **beidhändige** und auch die **einhändige Variante**. Oder dann die Variante **über Kopf**. Von dort aus dann beidhändig auf den Boden werfen. Hier könnt ihr dann während des Wurfes **stehen bleiben** oder auch **leicht hochspringen**. Letztere Variante gibt noch einen Kick für die Bauchmuskeln. Also wundert euch nicht, wenn ihr nach einem Training wie diesem dann auch einen Muskelkater im Bauch bekommt und ihr nicht wisst, wieso eigentlich in diesem Bereich. Die Bauchmuskeln sind hier immer gefordert. Und egal, wieviele Bauchübungen ihr bisher gemacht habt oder ihr meint, dass eure Bauchmuskeln einiges aushalten, wählt die Variante über Kopf mit leichtem Hochspringen während des Wurfes auf den Boden. Auch wenn ihr es nicht glaubt, ihr werdet eure Bauchmuskeln spüren. Garantiert!

Training zu Hause mit Hilfsmittel

einzelne Phasen des Werfens auf den Boden/Fangen

Training zu Hause mit Hilfsmittel

Variante über Kopf

Noch was zu den **Partnerübungen**. Hier könnt ihr euch gegenüberstehen und den Ball zuwerfen, beidhändig als Druckpass oder mit einer Hand. Verbunden mit einer Kniebeuge mit anschließendem Wurf. Oder Rücken an Rücken stehen und den Ball links oder rechts übergeben bzw. übernehmen. Oder auch über Kopf übergeben und zwischen den Beinen durch wieder übernehmen. Hier gibt es natürlich wieder sehr viele Variationen. Probiert aus, was euch Spaß macht.

Herkömmliche Hanteln

Diese Hanteln kennen vermutlich die meisten oder haben sie zumindest schon gesehen. Hier wird unterschieden zwischen **Kurzhanteln** und **Langhanteln**. Es handelt sich hier meist um eine Stange, an deren Enden Gewichte befestigt werden. Dies meist in Form von Scheiben (früher auch mal Kugeln). Die Kurzhanteln werden auch Dumbbells genannt, die Langhanteln Barbell (auf englisch). Hier gibt es noch die Abwandlung der SZ-Hantel oder ES Curl Bar. Um die Gewichte zu fixieren, benutzt man Federringe, Stellringe oder andere Verschlüsse. Die Scheiben bestehen zumeist aus Gusseisen, auch mal mit Gummi ummantelt oder verchromt.Dann gibt es noch die sogenannte Trizeps-Hantel mit zwei parallelen Griffen. Wie auch immer. Es gibt hier sehr viele Möglichkeiten, all diese Hanteln einzusetzen. Entweder zu Hause mit ein paar wenigen Hanteln oder einem Hantelsatz im Heimstudio oder dann im Fitness-Studio, wo du eine ganze Palette all dieser Hanteln findest (aber später dann mehr im Kapitel im Fitness-Studio). Es gibt unzählige Übungen für die verschiedenen Muskelgruppen. Hier gibt es **Grundübungen** (für mehrere Muskelgruppen gleichzeitig) sowie auch **Isolationsübungen** (für nur eine spezielle Muskelgruppe). Später dann mehr. Ich möchte mich aber gar nicht zu lange damit aufhalten. Die Befürworter des Hanteltrainings wissen das natürlich. Allen anderen soll diese Art des Trainings nicht vorenthalten werden. Zum Training mit Hanteln bzw. Gewichten gibt es unzählige Literatur. Aber es ist nicht alles Gold was glänzt. Es ist unsinnig, irgendwelche Programme von Bodybuildern zu kopieren. Das wird nicht funktionieren.

Training zu Hause mit Hilfsmittel

Um so auszusehen wie manche Bodybuilding-Größen gehört ein komplexes Wissen über Training und Ernährung. Ganz zu schweigen von Mitteln zum Muskelaufbau. Also, wenn ihr euch dieses Wissen aneignet, geht sinnvoll und maßvoll damit um und schadet nicht eurem Körper. Mehr möchte ich nicht dazu sagen. Ich finde, ein sinnvolles Training sollte über Jahrzehnte machbar sein. Vielleicht später mit anderen Gewichten, aber im Grunde vom Ablauf her ähnlich. Es gibt zwar Beispiele, die ein schweres Training fast ihr ganzes Leben praktiziert haben, aber nicht alle sind so überaus robust. Weniger ist manchmal mehr. Im Kapitel Training im Fitness-Studio gehe ich näher auf diese Übungen ein bzw. gebe einen Überblick, was es so alles zu trainieren gibt.

Schwingstab (Flexi-Bar, Vibrating Bar, Swingstick)

Bei diesem Trainingsgerät handelt es sich um einen beweglichen Stab, meist aus Fieberglas, mit jeweils einem Gewicht an den Enden und einen Griff aus Gummi in der Mitte. Den Stab bringt man zum Schwingen mit kurzen Bewegungen aus den Unterarmen/Handgelenken. Da der Stab jetzt hin und her oder vor und zurück schwingt, muss die Muskulatur gegenhalten. Durch das Gegenhalten wird die tiefliegende Muskulatur angesprochen. Das Training ist also sehr effektiv, hauptsächlich für die Muskeln der Schulterregion, des Rückens, des Nackens, der Arme, der Brust und des Bauches. Bei der Schwingung des Stabes muss die Muskulatur diese Bewegung ausgleichen. Training mit dem Schwingstab hilft bei Rückenproblemen, Verspannungen in Schultern und Nacken, Hüfte, Lendenwirbelsäule und Gelenkarthrosen. Das Bindegewebe wird gefestigt, der Abtransport von Schlackenstoffen wird angeregt. Die Fettverbrennung wird erhöht, der Stoffwechsel wird angeregt, das Herz-Kreislaufsystem wird gestärkt. Weitere positive Effekte sind zudem bessere Kraftausdauer, bessere Sauerstoffzufuhr und bessere Regeneration. Du siehst, es gibt eine ganze Menge von Vorteilen, die mit der Benutzung des Schwingstabes einhergehen. Benutzt wird der Stab entweder mit beiden Händen oder mit einer Hand, je nach Übung. Der Stab kann vertikal oder horizontal benutzt werden, im Stehen, Liegen oder auch im Sitzen.

Training zu Hause mit Hilfsmittel

Variante mit beiden Händen vertikal

Training zu Hause mit Hilfsmittel

einhändige Variante   **beidhändige Variante horizontal**

Falls du dir einen Schwingstab anschaffen willst, achte darauf, dass du dir einen einigermaßen hochwertigen anschaffst. Das Material, die Enden und der Griff sind wesentlich besser. Zudem ist eine Anleitung dabei, wo die meisten der Übungen beschrieben und auch bebildert sind. Es gibt auch edle Varianten mit Ventilfederstahl, die allerdings teurer sind.

Training zu Hause mit Hilfsmittel

Dehnübungen (hier für Rücken und Schulter)

Diverse Dehnübungen vor und nach dem eigentlichen Schwing-Training bereiten auf das Training vor und fördern die Durchblutung. Das kann auch bei anderen Übungen nicht schaden, welche den Rücken und die Schultern beanspruchen. Die Übungen mit dem Schwingstab sind denke ich ausreichend besprochen. Noch eines. Es gibt unterschiedliche Stärken bzw. Härtegrade der Stäbe. Wenn du dir einen anschaffst, wird das idR. dort auch erwähnt. Es wird angenommen, dass du eine Übung mindestens 90 Sekunden ausführen solltest. Nach einiger Übung wird dir das auch gelingen. Danach wird sich ein angenehm warmes Gefühl in manchen Bereichen des Körpers, hauptsächlich im Bereich Schultern/Nacken einstellen.

Geräte mit Schwungmasse/XCO-Trainer

Hierbei handelt es sich zumeist um eine Röhre aus Aluminium, die mit einem losen Granulat, meist Schiefergranulat, gefüllt wird und mit Kappen auf jeder Seite verschlossen oder verschweißt wird. Das Granulat in der Röhre wird als sogenannte Schwungmasse genutzt. Die Masse (Granulat) bewegt sich bei Bewegung zeitverzögert und erzeugt so eine reaktive Wirkung (den sogenannten XCO-Effekt). Der XCO bzw. die Röhre wird entweder an den Enden gefasst und nach links und rechts bewegt oder mittig gefasst und nach oben und unten befördert. Der Impuls beim Aufprall des Granulats auf die Endkappen der Röhre aktiviert alle Muskeln, die an der Bewegung beteiligt sind. Für Läufer oder Walker gibt es auch spezielle Röhren, die mit Schlaufen versehen sind und sich hierbei mit Hilfe der Hände bewegen (seitlich am Körper). Die Muskulatur ist bestrebt, die Bewegung der auftreffenden Schwungmasse auszugleichen. Dieses Trainingsgerät wurde ursprünglich als Therapie für verletzte Sportler entwickelt. Hier werden Kraft, Ausdauer, Schnelligkeit, Beweglichkeit und Koordination schonend und auch nachhaltig verbessert. Es werden tiefliegende Muskeln, Bänder und Gelenke trainiert. Außerdem wird das Wachstum des Bindegewebes angeregt. Es gibt größere und kleinere Geräte. Aber alle relativ handlich und sie sind nicht zu schwer, meist zwischen 600 und 1500 Gramm. Die Geräte sind in der Anschaffung nicht ganz billig, aber bezahlbar. Dafür halten sie meist ein Leben lang. Meinen XCO habe ich jetzt schon einige Jahre und er sieht so aus wie am ersten Tag.

Training zu Hause mit Hilfsmittel

Noch zu erwähnen wäre, dass beim Trainieren mit dem XCO ein stabiler Stand wichtig ist. Die Hände sind angewinkelt, der Bauch ist angespannt. Ihr werdet sofort merken, ob ihr richtig trainiert. Wenn die Schwungmasse bzw. das Granulat auf eines der Enden der Röhre schlägt, hört ihr das und ihr werdet es auch merken, wenn sich die Schwungmasse bewegt. Das ist das Zeichen, dass ihr es so macht, wie es sein soll. Wenn ihr es einmal gewohnt seid, könnt ihr jederzeit die Röhre hernehmen und einige Übungen machen. Selbst bei einigen Hundert Wiederholungen benötigt ihr nicht arg viel Zeit dafür. Selbst ich hatte anfänglich nach einem ordentlichen Training einen anständigen Muskelkater im Bauch, sogar in den seitlichen Strängen. Das beweist, dass es wohl sehr effektiv war. Probiert es aus. Wenn ihr das Gerät erst testen wollt, es gibt bestimmt Sportvereine oder Reha-Zentren, bei denen man es mal testen kann.

Training zu Hause mit Hilfsmittel

mittiger Griff sowie Griff an den Enden

Training zu Hause mit Hilfsmittel

Mit Wasser oder Sand gefüllte Behältnisse
(Waterbags, Sandbags, Kamagon Ball)

In diesem Bereich der Trainingsgeräte wird natürlich so einiges auf dem Markt angeboten. Hier wäre es aber ratsam, das eine oder andere Gerät auszuprobieren (ist bei diversen Anbietern auch schon mal vor Ort möglich). Wie schon gesagt, es ist nicht jedes Trainingsgerät für jeden geeignet. Es muss dir auch zusagen, sonst macht es keinen Sinn. Ich werde dir im folgenden noch einige Trainingsgeräte vorstellen. Alle haben eines gemeinsam. Diese Teile beinhalten alle eine bewegliche Masse (Sand oder Wasser). Diese Masse sollte von deiner Muskulatur bewältigt bzw. unter Kontrolle gebracht werden. Du erreichst durch das Training damit Muskeln, die du sonst nicht oder nur sehr selten beanspruchst. Eine sehr gute Sache. Da kannst du in relativ kurzer Zeit sehr viel Gewicht über eine relativ große Strecke bewegen und du verbrennst viele Kalorien. Die Gegenstände sind teils nicht ganz so billig, aber sehr lange haltbar. Mit etwas Geschick und Einfallsreichtum kann so das ein oder andere selbst gebastelt werden. Die Teile, die angeboten werden, sind durchaus sehr strapazierfähig und halten einiges aus. Falls nicht, hast du ja auch noch ne Garantie drauf. Aber wie gesagt, ihr müsst selbst herausfinden, ob euch ein Training mit einer mit Sand gefüllten Tasche oder mit einem mit Wasser gefüllten Ball oder Zylinder mit Griffen dran zusagt. Ich selbst habe einen mit Wasser befüllbaren Ball, genannt **Kamagon Ball,** zu Hause.

Der Vorteil an diesen Geräten ist, dass du beim Befüllen selbst entscheiden kannst, mit wieviel Gewicht du trainieren willst oder kannst. Wenn es zu leicht ist, kannst du nachfüllen. Wenn es zu schwer ist, kannst du etwas entfernen. Mit der Zeit wirst du selbst herausfinden, welches Gewicht für dich geeignet ist. Wenn du stärker wirst, kannst du jederzeit nachlegen. Es gibt auch noch Trainingsgeräte, die sowohl mit Wasser als auch mit Luft gefüllt werden können.

Training mit Kamagon Ball

Training zu Hause mit Hilfsmittel

Der Kamagon Ball wird vom Boden aufgenommen und in einem Zug über den Kopf geführt

Während der Übung schwappt das im Ball enthaltene bzw. eingefüllte Wasser hin und her und auf und ab. Hierdurch musst du nicht nur den Ball nach oben befördern (dieser kann mit bis zu 20 Litern Wasser gefüllt werden), sondern deine Muskeln müssen während der Aufwärtsbewegung die Bewegungen des Wassers im Ball aufnehmen und ausgleichen bzw. der Kraft entgegenwirken. Das macht es so interessant und speziell.

Der Ball kann dann noch zusätzlich nicht nur über den Kopf sonder sogar hinter den Kopf verbracht werden. So wird der Rücken und der Schultergürtel noch mehr beansprucht. Es entsteht ein wärmendes Gefühl im Schulter/Nackenbereich nach einigen Wiederholungen. Wer die Übung nicht gewohnt ist, kann sich über einen Muskelkater freuen. Garantiert!

Training zu Hause mit Hilfsmittel

Die einzelnen Phasen des Snatches mit dem Kamagon Ball

Hier gibt es natürlich auch wieder Übungen, die mit beiden Armen oder nur mit einem Arm ausgeführt werden. Beim oben gezeigten Snatch kann dieser für die Handgelenke schonender ausgeführt werden wie bei der Kugelhantel, da der Griff beweglich ist und nachgibt. Der ganze Ball ist aus Hartgummi bzw. Ruton gefertigt. Eine ungemein dicke und zähe Masse, die ebenfalls einiges aushält. Der Ball wird hier mit enormem Schwung nach oben geschleudert.

Diverse Bänder, Zugbänder und Seile

Hiervon gibt es auch wieder genügend, mit dem ein Training gestaltet werden kann. Nachstehend werde ich auf Übungen eingehen mit dem **Latexband**, dem **Expander**, dem **Springseil** und dem **Schlingentraining**. Einige dieser Trainingsgeräte gibt es in Sportvereinen oder auch mal im Fitness-Studio.

Latexband

Hier gibt es auch Bezeichnungen wie Theraband, Dynaband, Gymnastikband oder auch Powerband. Es handelt sich hierbei meist um ein dünnes Band aus Latex, das ca. 1-3 m lang ist. Es gibt hier auch Meterware zu kaufen. Für die Bänder gibt es verschiedene Farben. Die helleren Farben sind leichter und die dunkleren Farben stärker. Es gibt auch noch ein sogenanntes Deuser-Band aus Kautschuk. Dieses ist ringförmig geschlossen. Meist wird das Latexband auch als Theraband bezeichnet. Theraband sind aber nur die Hersteller bzw. Firmen, genau wie Deuserbänder. Die Zugstärke kannst du variieren, indem du das Band kürzer nimmst oder auch doppelt greifst. Die Bänder sehen harmlos aus, aber es lässt sich enorm viel mit ihnen anstellen. Früher dachte ich, das ist Kinderspielzeug oder was für die Gymnastikgruppe der Frauen. Bei speziellen Übungen habe ich dann festgestellt, dass dieses Trainingsgerät enorm vielseitig sein kann und es hier so richtig gute Übungen gibt. Zudem ist es jederzeit verfügbar und kann platzsparend verstaut werden. Auch in der Reha ist dieses Gerät nicht mehr wegzudenken.

Training zu Hause mit Hilfsmittel

es gibt sehr viele Übungen mit dem Latexband

Training zu Hause mit Hilfsmittel

Übungen für Brust, Schultern, Rücken und Bauch

Training zu Hause mit Hilfsmittel

das kann passieren bei einem billigen Band

Also hier solltest du schon Wert legen auf ein hochwertiges Band. Hieran hast du dann auch lange Freude und es knallt dir nicht um die Ohren.

Training zu Hause mit Hilfsmittel

hier werden gleich mehrere Übungen kombiniert

Manchmal kannst du auch mehrere Fliegen mit einer Klappe schlagen. Hier kannst du die Übung mit dem Latexband mit einer Kniebeuge kombinieren. In diesem Fall kannst du mit einfachen Mitteln eine Ganzkörperübung kreieren, die sehr effektiv ist. Mit einem etwas stärkeren Band geht die Übung ganz schön auf die Puste, vor allem wenn du sie mit diversen Trainingsmethoden ausführst, die ich später noch erklären werde. Ein „Timer" ist dann hier noch von Vorteil.

Training zu Hause mit Hilfsmittel

Bevor ich mit dem Thema Latexband endlich aufhöre und mich anderen Trainingsgeräten widme, noch ein letzter Hinweis. Es lohnt sich, öfter mit diesem Teil zu trainieren und sich dann auch kundig zu machen, was gibt es für Übungen und für welche Körperpartien sind die Übungen. Der Vorteil, du kannst das Band immer und überall anwenden. Stecke es in die Tasche und mach wo immer du Zeit hast Übungen. Hier kannst du auch gerne kreativ sein und selber Übungen entwickeln, die dir angenehm erscheinen. Aber du kannst auch gerne auf die bewährten Übungen zurückgreifen. Wenn du willst, mach dich kundig, schau ins Netz oder mach einen Kurs in der Volkshochschule. Nutze die Möglichkeiten. Es gibt derer viele.

Training zu Hause mit Hilfsmittel

Expander (Expander Tube)

Hier handelt es sich um ein Fitnessgerät aus zwei Handgriffen, welche über Zugfedern, Bänder oder einer Spannschnur miteinander verbunden sind. Die Bänder sind zumeist variabel. Der Expander ist vor oder hinter dem Körper anwendbar. Hier werden durch Zug an den Griffen die Bänder gedehnt. Hauptsächlich werden die Arm-und Schultermuskeln beansprucht. Zusätzlich bei Übungen vor dem Körper dann noch der Rücken. Bei Übungen hinter dem Körper zusätzlich die Brustmuskeln.

Die Übung fordert Brust, Rücken, Schultern und Bauch

Hier trainiere ich mit einem variablen Expander. Die einzelnen Bänder können in Sekundenschnelle entnommen und wieder eingesetzt werden. Hier ein Exemplar mit 10-50 kg Widerstandsbändern. Knallt ganz schön rein und fördert die Durchblutung enorm.

Training zu Hause mit Hilfsmittel

Seilspringen (Rope Skipping)

Ich denke das kennen die meisten noch aus ihrer Jugend oder dem Schulsport. War nicht unbedingt bei allen beliebt, ist aber sehr effektiv bei richtiger Anwendung. Zumeist wurde das Seilspringen zum Aufwärmen oder als Ausdauerübung im Boxsport verwendet oder heute auch als ein Teilelement der Sportart „Crossfit". Früher wurden dazu Hanfseile verwendet, heute sind die meisten aus Kunststoff oder auch umwickelte Drahtseile, welche schwerer sind und leichter rotieren. Zum Seilspringen brauche ich wohl nicht allzu viel anmerken. Beim Springen sollte der Oberkörper aufrecht sein, der Winkel zwischen Oberarm und Unterarm sollte über 90 Grad betragen, meist werden nur die Fußballen auf dem Boden aufgesetzt und es wir nur so hoch wie nötig gesprungen, so dass das Seil gerade unter dem Fuß durchkommt und nur leicht den Boden berührt. Wenn ihr wollt, könnt ihr auch höher springen.

Training zu Hause mit Hilfsmittel

Verschiedene Phasen des Sprungs

Training zu Hause mit Hilfsmittel

Beim Seilspringen oder auch Seilhüpfen gibt es verschiedene Variationen, wenn euch das herkömmliche Springen zu langweilig ist. Statt nur die Fußballen aufzusetzen, könnt ich auch mal die Ferse aufsetzen oder im Wechsel oder auch mal nur mit einem Bein aufsetzen oder das Seil auch mal seitlich schwingen wie es die Boxer machen. Macht wie ihr wollt, wenn ihr Spaß daran habt. Allerdings wäre hierzu festes Schuhwerk zu empfehlen. Klar, ihr könnt auch barfuß springen, so wie früher. Aber achtet auf eure Fußgelenke.

Schlingentraining

Hierbei handelt es sich um ein Ganzkörpertraining mit Hilfe von Schlingen und Seilen. Es wird auch **Sling Training** oder **Suspension Training** genannt. Trainingswiderstand ist hier das eigene Körpergewicht. Das Training beruht auf dem System der Instabilität und bewirkt eine Kräftigung und Koordination der Muskeln sowie Kraftausdauer. Der Widerstand wird durch variable Winkel (Neigungswinkel) des Körpers zum Boden verändert. Das System kann befestigt werden an der Decke, an einem Ast/Baum, an einer Stange oder irgendwo auf dem Trimm-Dich-Pfad. Das Training fördert dir Grund-und Rumpfstabilität und reduziert bzw. beugt Rückenschmerzen vor. Das System wird meist auch in Fitness-Studios angeboten als TRX-Training (Total Body Resistance Exercise). Alternativen hierzu sind Aerosling oder Variosling. Im Prinzip alles dasselbe.

Training zu Hause mit Hilfsmittel

Entsprechende Bilder dazu seht ihr dann im Kapitel Training im Fitness-Studio. Diese findet ihr dort, da eine Einweisung durch einen Trainer durchaus empfehlenswert ist, da das Training für Anfänger doch eine wacklige Angelegenheit ist.

Kreiseltrainer, Biegefedern, Arm-und Fingerhanteln

In diesem Bereich gibt es auch wieder eine Unmenge an Geräten, die ganz brauchbar sind, wenn ihr daheim oder unterwegs seid und nicht gerade ins Fitness-Studio könnt oder wollt. Nachstehend werde ich einige dieser Trainingsgeräte erläutern.

Anwendung des Kreiseltrainers

Training zu Hause mit Hilfsmittel

Anwendung in Schulterhöhe

Bei dem Kreiseltrainer handelt es sich um ein mobiles Trainingsgerät mit automatischer Kräfteanpassung. Wenn du den Griff dieses Gerätes ziehst, fordert der Schwungkraft-Rotor diesen Griff 1,5 Sekunden später mit der gleichen Kraft wieder zurück. Trainiert werden alle wichtigen Muskelgruppen wie Brust, Schultern, Rücken, Bauch, Arm-und Beinmuskeln. Außerdem wird das Herz-Kreislauf-System trainiert.

Der Kreiseltrainer ist meist aus verschleißfestem Plastikgehäuse mit integriertem Griff und Seilzug. Zudem hat er eine doppelt kugelgelagerte Schwungscheibe aus Stahl, eine eingebaute Rutschkupplung, ist zudem staubgeschützt und geräuscharm. Genau die Kraft, die du einsetzt, kommt wieder heraus. Der Preis des Gerätes hier ist angebracht. Zudem hast du es vermutlich ein Leben lang. Ich selbst habe es schon einige Jahre und es sieht immer noch fast aus wie neu und funktioniert wie am ersten Tag einwandfrei.

Biegefedern(Biegehantel, Königsfeder)

Diese Teile haben viele Namen und es gibt sie auch schon sehr lange. Es handelt sich hier um Federn aus Kohlestoffstahl oder Edelstahl mit Griffen aus Kunststoff an den Enden. Die Feder sollte auf irgendeine Weise gebogen werden. Hierdurch wird der Kraftaufbau im gesamten Oberkörper gefördert. Egal wie du die Feder biegst, es werden Muskeln des Oberkörpers, vor allem der Brust, der Schulter und der Armmuskeln beansprucht, zudem die Bauchmuskeln während der Druckausübung und des anschließenden Haltens der Hantel/Feder. Die Federn kenne ich noch aus meiner Jugendzeit und sie werden heute noch vertrieben und angeboten. Meine Feder habe ich schon zig Jahre lang. Sie war nicht besonders teuer, sieht aber trotz Gebrauch fast genauso aus wie am ersten Tag. Sie ist sehr robust, du kannst sie jederzeit benutzen und dann wieder in eine Ecke stellen. Ganz problemlos. Ein schönes Teil.

Training zu Hause mit Hilfsmittel

Konzentration bei der Übung erwünscht!

Bullworker

Ich habe jetzt keinen deutschen Namen für dieses Gerät gefunden. Das Gerät gibt es vermutlich genauso lange wie die Biegefedern. So ein Trainingsgerät habe ich mir irgendwann mal in der Jugend angeschafft. Ich hatte mal auch eine Anleitung hierfür, die vermutlich verloren gegangen ist. Aber egal. Mit dem Gerät kannst du den ganzen Körper trainieren und das Teil bekommst du einfach nicht kaputt. Es gibt inzwischen sogar relativ neue Versionen des Bullworkers. Hier kannst du bestimmt Anleitungen herunterladen oder dir besorgen. Wie schon gesagt, ein Gerät für ein Ganzkörper-Training. Wenn du sonst nichts zur Hand hast, ist es ideal.

Training zu Hause mit Hilfsmittel

Fingerhantel (Heavy Grips)

In diesem Bereich werden auch verschiedene Hanteln angeboten, entweder für alle Finger, die Hände, Unterarme oder auch einzelne Finger. Die Teile für das Training für die einzelnen Finger werden meist im Reha-Bereich eingesetzt oder zur Stärkung für bestimmte Übungen (fürs Klettern bestimmt auch gut geeignet). Es gibt relativ leichte Fingerhanteln (für alle Finger und Unterarme) bis etwa 20 kg Zugkraft, meist mit einem Griff aus Holz oder Plastik. Diese Teile können verschleißen oder auch mal kaputt gehen. Die wirklich guten Hanteln gibt es zwischen 100 und 350 Lbs(für Libra=Gewicht, wird in englischen Pfund angegeben; 1 Pfund =0,45 Kg). Diese sind dann auch aus Spezial-Druckstahl (Feder) und die Handgriffe aus Alu. Die Griffkraft steigert sich, gutes Training für Hände und Unterarme.

Kraftball (Powerball)

Ein weiteres Trainingsgerät im Bereich Arme. Diese Gerät ist geeignet für Finger, Handgelenke, Ober-und Unterarme. Zur Steigerung der Kondition, Greifkraft und Koordination. Gut bei Muskelverspannungen, Maus-oder Tennisarm sowie Schulterverspannungen. Der Kraftball besteht meist aus bruchfestem Kunststoff, die Rotation erfolgt, indem der Benutzer den Rotor durch Kreisbewegung auf Touren bringt. Es entsteht ein sogenannter Drehimpuls um die Achse. Hier entstehen mehrere tausend Umdrehungen pro Minute und Kreiselkräfte, die bis zum 80-fachen des Rotor-Eigengewichts betragen können. Dies werdet ihr merken, wenn ihr etwas geübt seid.

Training zu Hause mit Hilfsmittel

Der Kraftball wird mit einem Startband oder mit dem Handballen angeworfen. Das Handgelenk wird hierbei stabil und steif gehalten. Die Rotation erfolgt mit dem Unterarm. Der Arm kann angewinkelt oder ausgestreckt werden (durch den veränderten Winkel werden dann mehr der Unterarm, Trizeps, Bizeps oder die Schulter trainiert). Ihr werdet selbst merken, wo genau es wirkt. Das bedarf keiner weiteren Beschreibung. Wenn ihr ein Brennen im Unterarm spürt, könnt ihr die Rotation auslaufen lassen oder den Ball in die andere Hand übergeben, während er rotiert. Dies bedarf einiger Übung, aber es klappt. Der Ball bzw. die Rotation entwickelt eine enorme Power. Ein geniales Trainingsgerät für den Kraftaufbau für die Arme und Schultern. Nur eines noch. Wenn der Ball richtig stark rotiert, macht nicht den Fehler, die Finger zu öffnen. Ihr könnt den Ball dann nicht mehr halten. Ihr werdet sehen. Also, die Finger immer schön geschlossen halten. Wenn die Kraft zu stark wird, etwas weniger stark rotieren, ausrollen lassen bei geschlossenen Fingern oder den Ball in die andere Hand übergeben. Ein kleines Gerät mit sehr großer Wirkung.

Training zu Hause mit Hilfsmittel

So. Es gibt natürlich noch so einige Hilfsmittel, die ich hier nicht erwähnt habe Aber ich denke, wer sich für die noch nicht erwähnten Dinge (oder auch schon erwähnt) interessiert, der beschäftigt sich auch damit und hat vermutlich auch hierfür eine passende Anleitung. Sei es Training auf einem Trampolin, an einem Rudergerät oder Laufband. Viele dieser Dinge können in einem Kurs oder auch im Studio angewendet werden. Auf was ich aber noch eingehen will, ist das Training mit dem Fahrrad. Es gibt tolle Fahrräder im Fitness-Studio (genannt auch Indoor Cycling). Aber hier noch zum Training im Freien. Ob es dann ein Rennrad, ein Mountain-Bike oder ein herkömmliches Fahrrad ist, spielt nicht die Rolle. Du kannst hier ideal deine Ausdauer trainieren wie auch Intervall-Sprints einlegen wie auch schon beschrieben beim Laufen.

Training zu Hause mit Hilfsmittel

Gefahren werden kann überall. Ob auf der Straße oder im Gelände. Du kannst überall ein schönes Training absolvieren. Und damit es nicht langweilig wird, wechsle deine Intensität. Also mal langsam, mal schneller, mal so schnell wie es dir möglich ist. Bring Abwechslung in dein Training. Kraft, Kraftausdauer und Kondition werden hier gefördert. Noch zu sagen wäre hierbei, achte auf passende Kleidung und kauf dir auch einen Schutzhelm.

Training im Fitness-Studio

Bevor wir hier einsteigen, möchte ich nochmals erwähnen, dass ein effektives Körpertraining natürlich ganz ohne ein Fitness-Studio absolviert werden kann. Zudem gibt es unterschiedliche Studios. Zum einen das herkömmliche Studio mit begrenzten Öffnungszeiten. Dann das sogenannte Card-Studio, wo ich auch zu ungewöhnlichen Zeiten oder auch am Feiertag Zugang mit einer Karte (als registriertes Mitglied) habe, Meist zwischen 6 und 24 Uhr (in Großstädten oft auch rund um die Uhr). Dann gibt es noch spezielle Einrichtungen, die sich eher im therapeutischen Bereich bewegen. Das nennt sich dann MTT=Medizinische Trainings Therapie. Hier wirst du in der Regel am Anfang durch ausgebildete Therapeuten eingewiesen, die speziell auf deine Bedürfnisse und auch Beschwerden eingehen. Also nicht gerade die klassische Mucki-Bude. Diese gibt es meist in der Form eh nicht mehr. Früher waren dort eine Menge Gewichte, diverse Kurz-und Langhanteln, einige Trainingsbänke für Drückübungen und ein paar wenige Maschinen, meist ein Turm zum Lat-Ziehen. Heute gibt es das auch noch, aber meist haben die modernen Trainings-Maschinen Einzug gehalten. Und diese in jeglicher Form und Größe. Samt Indoor-Cycling-Fahrräder, Rudergeräten, Laufbänder und dergleichen mehr. In diversen Kliniken oder Reha-Zentren gibt es inzwischen meist einen oder mehrere Räume, die mit modernen Geräten ausgestattet sind. Hier sind dann auch fast nur Maschinen zu finden und keine freien Gewichte.

Training im Fitness-Studio

Ich gehe auch ab und an in ein Fitness-Studio. Zum einen, weil ich dort so ziemlich alles trainieren kann, und zum anderen sind dort so ziemlich alle Gewichte in ausreichender Anzahl vorhanden. Ebenso Maschinen und Geräte, die zum Aufwärmen geeignet sind wie Spinning-Fahrräder oder diverse Rudergeräte und dergleichen. Nach einer Einweisung weißt du auch, wie du die Teile bedienen kannst. Was heute nicht mehr so selbstverständlich ist.

Aufwärmen auf einem Stepper

Training im Fitness-Studio

Ein Fitness-Studio ist natürlich nicht nur für „Einzelkämpfer" geeignet, sondern auch für Leute, die sich dort verabreden, um zusammen zu trainieren. Ich selbst habe kein Problem damit, mich zum Training zu motivieren. Aber es gibt genügend, die sich nur „aufraffen" können, wenn sie sich mit einem Trainingspartner zu einer bestimmten Zeit verabreden. Dann gehen sie zu der Zeit dorthin, was sie ohne diese Verabredung vermutlich eher nicht gemacht hätten. Und natürlich kann man sich dort dann auch austauschen, sei es über das Training oder auch ganz alltägliche Dinge. Es sollte aber nicht so ausarten, dass das Training dann zur Nebensache wird. Sonst ist der Effekt nicht besonders groß. Natürlich ist es auch so, dass ich in der Zeit, in der ich ins Studio fahre, mich dort umziehe, und dann anfange zu trainieren, meist schon für ein komplettes Training zu Hause reicht. Aber wie gesagt, du kommst unter Leute und kannst dich austauschen. Eine Mischung von beidem finde ich nicht ganz so übel. Allerdings brauchst du schon einige Zeit, bis du in einem Studio trainieren und auch die Geräte bedienen kannst. Nach einmaliger Einweisung denke ich eher nicht machbar. Dann kommen die seltsamsten Dinge dabei heraus. Du beobachtest dann jemand, der eine für dich nicht nachvollziehbare unsinnige Übung macht. Und wenn du dann noch die Frechheit hast, die Person darauf anzusprechen, was sie da trainiert, bekommst du dann auch entsprechende Antworten. Dann weißt du wieder mal, dass der oder diejenige dann wohl nicht weiß, welche Übungen an welchen Geräten für welche Muskelgruppen geeignet sind. Hier sollte sich jeder, der dort trainiert, mit der Zeit ein Grundwissen aneignen, um zumindest so zu trainieren, dass es nicht gefährlich wird.

Zudem sollte noch erwähnt werden, dass der Muskel nur in der Ruhephase wächst und nicht beim Training. Du setzt hier nur den Reiz zum Wachstum. Viele machen hier den Fehler, entweder zu viel oder zu oft zu trainieren oder dann im Gegensatz dazu zu wenig intensiv. Hier wäre ein gewisses Verstehen der Zusammenhänge von Training-Ruhe/Erholung-Ernährung wichtig. Aber das Ganze hört sich jetzt komplizierter an als es ist. Ich werde versuchen, es einigermaßen verständlich zu erklären. Du brauchst also keine riesigen Abhandlungen lesen über Training und Ernährung. Auch beim Training ist es so, dass du nur aufmerksam auf deinen Körper hören sollst. Wenn ich eine Übung mache, sei es mit freien Gewichten oder an einer Maschine, merke ich ja, wo die Muskeln arbeiten und für welche Muskeln die Übung dann auch gedacht ist. Zumeist steht an den Geräten inzwischen eine Beschreibung und zudem sind selbsterklärende Abbildungen dabei angebracht, welche Muskeln an dem betreffenden Gerät gerade trainiert werden. Allerdings solltest du bestimmte Einstellungen wie Winkel, Abstände und Gewichte dann selbständig einstellen können. Wenn es nicht geht, lass es dir von einem Trainer erklären. Und bevor du eine Übung nicht ordentlich ausführen kannst, ohne dich zu verletzen, nimm auch für dich angepasste Gewichte. Wenn du den Ablauf kennst und hast das Gerät oder die Hanteln im Griff, dann kannst du das Trainingsgewicht steigern. Aber nur dann. Und du brauchst auch niemanden imponieren mit einem schweren Gewicht. Das geht meistens nicht gut aus.

Training im Fitness-Studio

Hier Freihanteltraining mit Kurzhanteln

Das ist der Vorteil des Trainings in einem Fitness-Studio. Hier kannst du mit allen Arten von freien Gewichten wie auch mit unterschiedlichen Maschinen für alle Körperregionen trainieren.

Training im Fitness-Studio

Nachstehend gebe ich zunächst mal einen Überblick über die einzelnen Muskelgruppen und welche Übungen du für diese machen kannst. Es gibt natürlich Übungen, die für mehrere Muskelgruppen sind und auch welche, die nur eine Muskelgruppe trainieren. Aber darauf komme ich nach der Übersicht noch zu sprechen. Die ganzen Übungen werde ich nicht näher oder ausführlich erläutern. Hierzu könnte man ein separates Buch schreiben. Und hier gibt es gewiss schon genug Material. Und die ambitionierten Bodybuilder wissen eh, von was ich rede.

Übersicht der Muskelgruppen und dazugehörige Übungen

hintere Schultern: reverse Flyes mit Seilzug, Latexband, Kurzhanteln

vordere Schultern: Frontheben, Military Press

seitliche Schultern: Schulterdrücken Kurzhanteln/ Langhantel, Seitheben Kurzhanteln/Kabelzug, Rudern aufrecht Langhantel/Kabelzug, Seitheben sitzend Kurzhanteln

oberer Rücken: Latissimus-Rudern Kurzhanteln/Langhantel oder Seilzug, Klimmzüge in den Nacken für Trapezmuskel

unterer Rücken: Kreuzheben, Rudern und reverse Flyes

mittlere Brust: Bankdrücken, Überzüge, Liegestütze, Fliegende

obere Brust: Schrägbankdrücken, Fliegende Schrägbank

Sägemuskel: Überzüge

untere Brust: Dips, negatives Drücken

Bizeps: Curls Langhantel, Kurzhanteln oder Seilzug

Trizeps: Dips, Trizepsdrücken mit Kurzhanteln, Langhantel oder Seilzug

Unterarme: Hammercurls, Unterarmcurls, reverse Curls

oberer Bauch: Sit-Ups, Crunches, Beinheben

seitlicher Bauch: seitliche Crunches

unterer Bauch: Beinheben, Hüftheben

Abduktoren: Maschine oder Kabelzug

Großer Gesäßmuskel: Kniebeugen, Ausfallschritte, Beinpresse, Rückenstrecken, Beckenheben

Adduktoren: seitlicher Ausfallschritt, Sumo-Kniebeuge

Beinbizeps: Kniebeuge, Beinpresse

Quadrizeps: Kniebeuge, Beinpresse

Waden: Wadenheben

Ausfallschritte nach vorne

Die Aufzählung ist nicht ganz vollständig. Es gibt immer noch Spezialübungen und Abwandlungen. Aber für einen Überblick reicht es aus. Und wenn du die Dinge alle trainierst, dann reicht es auch aus. Ich möchte hier nochmals auf die Übungen zurückkommen. Es gibt sogenannte **Ganzkörperübungen**, welche mehrere Muskelgruppen ansprechen. Zu einigen kann man dann auch **Grundübungen** sagen. Hierzu zählen zum Beispiel Kniebeugen und Bankdrücken. Dann gibt es reine **Isolationsübungen**, das heißt, eine einzelne Muskelgruppe wird separat von den anderen trainiert, zum Beispiel Bizepscurls oder Trizepsdrücken mit Kurzhanteln oder Kabelzug. Die Übungen sollten korrekt ausgeführt werden und nicht mit zuviel Gewicht, sonst hilft beim Bizepscurl dann die Schulter mit. Also schön auf den zu trainierenden Muskel konzentrieren. Dann werdet ihr bei korrekter Ausführung auch merken, dass nur dieser beansprucht wird. Es gibt dann noch Übungen speziell für den **Masseaufbau** wie Kniebeugen, Kreuzheben, Klimmzüge, Bankdrücken, Frontdrücken, Aufrechtes Rudern, Dips, Überzüge und dergleichen. Aber das würde hier zu weit führen. Wer an so was Interesse hat, kann sich kundig machen. Da gibt es genug Lektüre. Aber um eines möchte ich euch hier bitten. Schaut euch die Übungen vorher ganz genau an, lasst sie euch von einem erfahrenen Trainer erklären und nehmt am Anfang nicht zuviel Gewicht. Macht die Übungen korrekt und langsam. Mit etwas Erfahrung könnt ihr dann diverse Übungen schneller ausführen und auch mal mit einem „Timer" (komm ich später noch drauf). Aber die saubere und korrekte Ausführung darf nicht darunter leiden. Und vorher noch dehnen und die Muskeln erwärmen.

Maschinelles Training für den Rücken/Lat-Ziehen

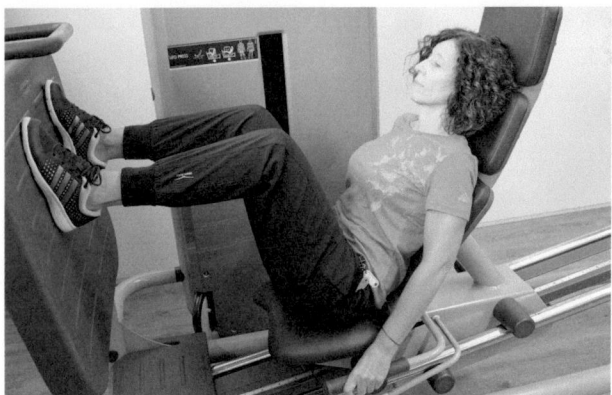

Maschinelles Training für Oberschenkel

Ob du jetzt freie Gewichte oder Maschinen bevorzugst, überlasse ich natürlich dir. Bei freien Gewichten müssen die Muskeln mehr ausgleichen, bei den Maschinen ist der Bewegungsradius vorgegeben. Bei freien Gewichten solltest du schon etwas Erfahrung haben, um die Übungen korrekt ausführen zu können. Der Vorteil bei Maschinen ist, dass der Ablauf relativ schnell klar ist und du da schnell selbständig trainieren kannst. Auch die Verletzungsgefahr ist hier geringer, wenn du mit schwereren Gewichten arbeitest. Eine ausgewogene Mischung ist empfehlenswert. Wenn du eine Verletzung oder einen Mangel hast, sind die Maschinen natürlich die bessere Wahl. Allerdings ist es dann auch genial, wenn du eine Langhantel mit einigen Scheiben Gewicht drauf vom Boden weg hochnimmst, über Kopf stemmst, eventuell noch hinter dem Kopf bis zur Schulter runterlässt, dann wieder über Kopf drückst und wieder ablegst. Ein tolles Gefühl. Aber Vorsicht. Langsam mit dem Gewicht hocharbeiten und vor allem korrekte Ausführung. Dann ist es echt Power. Auch was du trainierst und wie, ist natürlich deine Sache. Für jeden ist „sein Programm" das Beste. Das musst du selber rausfinden, auch wie weit du gehen willst. Wenn du dann fast täglich trainierst oder mehrmals die Woche, solltest du dann schon einen gewissen Plan (zumindest im Kopf) haben. Nach einem harten Training solltest du dann schon etwa 48-72 Stunden für die Erholung einplanen.Zumindest für die Körperregionen, die du trainiert hast. Beispielsweise solltest du nach einem Brusttraining bedenken, dass der Trizep ja auch belastet wird, falls du vorhast, am nächsten Tag ein Armtraining/Trizeps durchzuführen.

Maximal wäre eine Belastung des Bizeps (eine spezielle Isolationsübung) dann sinnvoll. Ich selbst habe ganz ordentliche Arme, trainiere den Bizeps aber separat gar nicht. Meiner Meinung gar nicht nötig, wenn du nicht gerade Bodybuilder bist. Wenn du noch Kampfsport machst, dann eher hinderlich (da ist ein gut trainierter Trizeps wichtiger). Aber wie gesagt, wenn du Spaß am Training hast und dich dort weiterbildest, dann los. Meine Zeit, in der ich wöchentlich etwa 10 Stunden in einem Studio zugebracht habe, ist vorbei. Es war eine schöne Zeit, sich mit Gleichgesinnten zu treffen und hart zu trainieren, und auch dabei noch Spaß zu haben, keine Frage. Aber heutzutage trainiere ich lieber 3x4 Minuten Tabata mit vollem Einsatz (komme ich später darauf zurück) und setz mich dann in die Sonne und lese ein Buch. Und ehrlich gesagt, es geht auch so. Heute trainiere ich effektiv in der Woche nicht mehr wie 1- 1 ½ Stunden.

Mein Tipp: Lieber fast täglich 10 Minuten mit vollem Einsatz trainieren als 2-3 x die Woche mehrere Stunden in eine Studio rumhängen ohne Motivation. Wenn im Studio, dann konzentriert und bei der Sache. Am besten ohne Handy, Musik, zuviele und zu lange Pausen und zuviel Unterhaltung. Nichts gegen ein Schwätzchen in der Pause oder am besten nach dem Training.Aber ich beobachte zwangsläufig seit Jahren die Leute dort. Und ich wundere mich inzwischen über nichts mehr. Da wird auf dem Liegefahrrad „moderat" etwas getreten und nebenher Zeitung gelesen. Oder in der Pause zwischen den so harten Einheiten Bankdrücken werden SMS bzw. „Whatsapp-Nachrichten" geschrieben.

Und so manche Beobachtungen, die ich gemacht habe, möchte ich euch ersparen. Die Zeit im Training sollte euch gehören. Zumindest in der Zeit, in der ihr trainiert, keine Ablenkung, volle Konzentration und vollen Einsatz. Gut, viele Leute wissen halt nicht, wie sie effektiv trainieren können. Sie sind aber auch noch nicht an ihre Grenzen gegangen. Ihr immer gleiches „moderates" Training wird ihnen nicht viel bringen. Und wenn sie hinterher noch sagen, ich habe ja trainiert, dann kann ich mir ja wieder mal einen Kuchen oder sonstiges gönnen, ist selbst dieser geringe Effekt dahin. Ich belohne mich auch mal und bin kein Kostverächter. Aber das geht, weil ich in jedem Training das für mich optimale gebe. Das ist manchmal mehr, manchmal etwas weniger. Je nachdem, wie du drauf bist oder wie dein Biorhythmus gerade ist. Aber das spielt alles keine Rolle. Gib in jedem Training das, was du geben kannst. Das ist schon alles. Du brauchst auch in einer Sequenz nicht weniger geben als du könntest, nur um dein Level zu halten. Gib in jedem Satz bzw. in jeder Einheit alles was du kannst. Wenn du es leid bist, immer dasselbe zu tun und hier dann auch noch keine Erfolge hast, ändere dein Training. Sofort. Du hast nichts zu verlieren, außer dein Gewicht bzw. dein Fett. Das kannst du nicht an der Waage festmachen (kommen wir noch drauf). Nun gut, zum Training im Fitness-Studio nachfolgend noch einige Beispiele.

Falls ihr der Meinung seid, dieses Kapitel ist zu kurz gekommen, kann ich nur sagen, dies lässt sich dann noch nachholen, falls die auf dem Markt befindliche Lektüre nicht ausreicht. Wir werden sehen.

Training im Fitness-Studio

Trizepstraining/Dips an der Maschine

Hier kannst du einstellen, ob und wieviel Unterstützung du brauchst, um die Übung durchzuführen.

Training im Fitness-Studio

Hier eine Übung für den Rücken, das Lat-Ziehen

Lat-Ziehen nennt sich eigentlich Latissimus -Ziehen. Latissimus dorsi ist der Große Rückenmuskel. Aber wenn du hier korrekt trainieren willst, zieh die Stange am Kabelzug nicht in den Rücken oder Nacken und auch nicht Richtung Brust. Zieh die Stange bis kurz oberhalb des Kopfes. Ansonsten tust du deinem Rücken und vor allem deinem Nacken keinen Gefallen. Probier es aus. Hier kannst du korrekt relativ viel Gewicht bewegen.

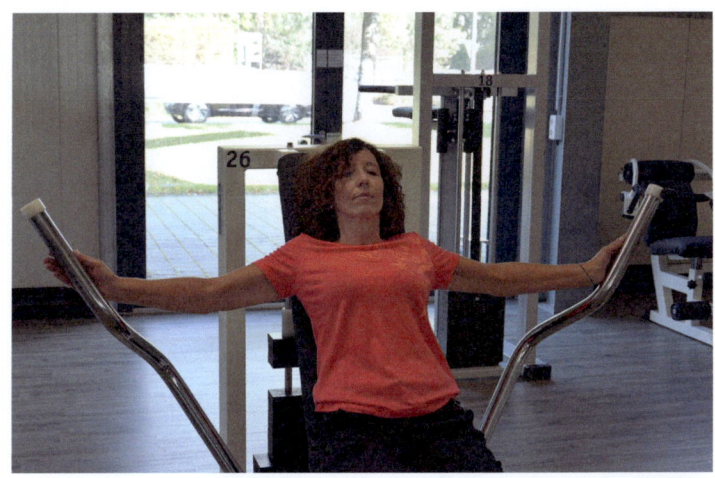

Flyes/Fliegende an der Maschine für die Brust

Training im Fitness-Studio

Schlingentraining (TRX) im Studio

Trainingsmethoden

Wahrscheinlich mit eines der wichtigsten Kapitel. Da es hier darum geht, wie trainiere ich am effektivsten in der für mich kürzest möglichen Zeit. Nachstehend werde ich einen kurzen Überblick über diverse Trainingsmethoden geben. Dann werde ich auf die eingehen, die mir sinnvoll erscheinen, die ich selber getestet habe und immer noch anwende und die nicht allzuviel Zeit in Anspruch nehmen. Zunächst wie gesagt ein kurzer Abriss der verschiedenen gängigen Trainingsmethoden:

Krafttraining dient der Steigerung der Kraft und der Muskelmasse. Trainiert wird mit Grund-bzw. Ganzkörperübungen sowie Isolationsübungen. Durch höhere Beanspruchung findet allmählich eine Anpassung des Körpers statt.

Kraftausdauertraining dient dazu, die eingesetzte Kraft über eine längere Zeit zu leisten. Hier geht es um lange andauernde sich wiederholende Belastungen, wie zum Beispiel beim Radsport, Laufsport, Boxen, Skilanglauf oder Rudern.

Crossfit-Training ist nur für Fortgeschrittene geeignet. Hier werden unterschiedliche Übungen miteinander vereint bzw. nacheinander trainiert. Es wird trainiert Gewichtheben, Sprinten, Übungen mit eigenem Körpergewicht und auch Turnen.

Trainingsmethoden

Ausdauertraining beinhaltet eine Leistung über einen längeren Zeitraum, der auf das Herz-Kreislauf-System abzielt und in dem Zusammenhang auf die Erhöhung der Ausdauer. Hier gibt es dann noch eine Abgrenzung vom Breitensport hin zum Leistungssport.

Zirkeltraining ist eine spezielle Art des Konditionstrainings mit verschiedenen Stationen. Hier werden je nach Art Kraft, Ausdauer, Beweglichkeit und Schnelligkeit trainiert. Ursprünglich umfasste das Zirkeltraining 24 festgelegte Übungen. Inzwischen hat sich das etwas geändert. Kann aber auch beliebig variiert werden.

Die nachfolgenden Trainingsarten werden näher betrachtet, da wir diese Systeme hauptsächlich in unser Training aufnehmen und mit diesen trainieren werden.

HIIT-Training oder auch Hochintensives Intervalltraining oder High Intensity Interval Training genannt. HIIT ist ein kurzes Trainingssystem, das aus hochintensiven Intervallen in Kombination mit langsamen Regenerationsphasen besteht, also immer Belastung-Entlastung-Belastung-Entlastung (fast so wie bei der Muskelrelaxation Anspannung-Entspannung). Körperfett wird hier sehr gut und schneller abgebaut als bei einem langwierigen und teils monotonen Cardio-Training. Beim Cardio-Training haben wir eine MHR=Maximale Herzfrequenz von 60-70 %, beim HIIT-Training sind es bis zu 90 % MHR, gekoppelt mit langsamen, aber aktiven Erholungsintervallen.

Trainingsmethoden

Die Pause geht dann solange, bis die Belastung erneut in dem Maße wie zuvor ausgeführt werden kann. Das HIIT-Training entsprang aus einer Trainingsmethode namens

Tabata-Training, nach seinem Erfinder Prof. Izumi Tabata. Hier handelt es sich um ein festgelegtes Trainingssystem. Es besteht aus 20 Sekunden Belastung und 10 Sekunden Pause. Dies wird dann 8 Mal in Folge wiederholt, so dass das gesamte Training in 4 Minuten erledigt ist. Hört sich wenig an, aber nach dem ersten Training dieser Art werdet ihr anderer Meinung sein. Natürlich können mehrere Einheiten des Tabata-Trainings aneinander gefügt werden mit verschiedenen Übungen (komme ich noch darauf zurück).

Beinheben mit Tabata

Die Trainings-Systeme HIIT und Tabata lassen sich wunderbar kombinieren. Der Unterschied ist lediglich, dass beim Tabata das Training und die Pausen genau festgelegt sind (20/10). Also immer 20 Sekunden Belastung, dann 10 Sekunden Pause. Hier allerdings keine aktive Pause. Die Belastung ist also doppelt so lang wie die folgende Pause. Beim HIIT kann die Pause länger sein als die eigentliche Belastung. Muss aber nicht sein. Hier kannst du echt so lange probieren, bis du das für dich richtige Training gefunden hast.

Intervall-Sprint

Du kannst etwa 15-20 Sekunden so schnell du kannst sprinten und läufst dann diese Strecke gemütlich wieder zurück. Beim Ausgangspunkt startest du erneut mit dem Sprint.

Trainingsmethoden

Die beiden Systeme HIIT und Tabata sind für unser Training ideal . Sie können angewendet werden für das Training mit freien Gewichten, ohne Gewichte/nur der eigene Körper sowie alle Arten von sonstigem Training wie Sprints, Radfahren (Intervall), Übungen mit Kugelhanteln, Keulen, Medizinbällen, Schwingstäben und all das, über was ich bisher geschrieben habe. Jetzt geht es nur noch um die Art und Weise der Umsetzung. Es gibt noch ein paar Abwandlungen und Ergänzungen von den beiden Systemen HIIT und Tabata. Aber das erkläre ich dann später noch. Und das Beste ist, du kannst in sehr kurzer Zeit ein Power-Training absolvieren und dann noch Kalorien verbrennen. Und das hauptsächlich nach dem Training in der Ruhephase. Das nennt sich dann sozusagen **Nachbrenneffekt.** Du schaffst durch ein kurzes aber sehr intensives Training die Voraussetzung, um Kalorien zu verbrennen. Und das nachgewiesen bis zu 2 Tagen. Das schaffst du sonst mit keiner Trainingsmethode. Und noch ein weiterer Vorteil ist, du kannst alles mit allem kombinieren. Du brauchst auf keine bestimmte Reihenfolge zu achten. Du kannst dir dein Training nach Belieben zusammenstellen. Die bisher genannten Übungen lassen sich alle für dieses Training einsetzen. Also Variationen ohne Ende. Es wird nicht langweilig werden. Du kannst eine Übung mit Gewicht machen, dann eine Übung mit dem eigenen Körpergewicht und noch eine Intervallübung hinterher. Wenn du im Freien nicht üben kannst aufgrund des Wetters, mach deine Übungen drinnen. Kein Problem. Du brauchst wenig Platz dazu und kannst jederzeit loslegen.

Trainingsmethoden

Bei diesem Training braucht der Körper überdurchschnittlich viel Sauerstoff und der Stoffwechsel wird so enorm angeregt. Um nach dem Training wieder in den Zustand wie zuvor zu kommen, muss der Körper viel Energie aufwenden. Dies nennt sich dann der sogenannte **Nachbrenneffekt**. Auch die Ausdauer wird 3-4 Mal so schnell verbessert wie beim herkömmlichen Lauftraining. Es ergibt auch einen starken Trainingsreiz durch die nicht vollständige Erholung während des Trainings.

Intervall-Sprints sind sehr effektiv

Nicht vergessen: Bänder/Sehnen vorher dehnen/aufwärmen !

Trainingsmethoden

Ich möchte an dieser Stelle noch einige Worte sagen zu einem **Spezial-Training**, ein erweitertes HIIT-Training. Hier handelt es sich um die sogenannte **Leiter**. Du suchst dir eine Übung aus, beispielsweise den Hampelmann. Du absolvierst dann eine Leiter. Das heißt im folgenden: 10 Sekunden Hampelmann, 10 Sekunden Pause, 20 Sekunden Hampelmann, 20 Sekunden Pause, 30 Sekunden Belastung, 30 Sekunden Pause, 20 Sekunden Belastung, 20 Sekunden Pause, 10 Sekunden Hampelmann, 10 Sekunden Pause. Das wäre eine Leiter, insgesamt 3 Minuten. Wenn dir das noch nicht reicht, kannst du eine oder zwei weitere Leitern anfügen. Wenn du mal 3 Leitern Hampelmänner absolviert hast in insgesamt 9 Minuten, dann reicht es dir mal fürs erste (wenn du alles gegeben hast).

Es gibt natürlich auch eine Leiter im Bereich des Kettlebell-Trainings (Kugelhanteln). Hier werden zunächst ein Clean und anschließend ein Press mit der schwächeren Hand (meist links) ausgeführt. Dann dasselbe mit der stärkeren Hand (in der Regel rechts). Anschließend werden links zwei Cleans/Presses ausgeführt, dann rechts. Weiter dann 3 links, 3 rechts. Dies kannst du weiter fortsetzen. Wenn du einen Rhythmus von 1-5 Wiederholungen pro Arm machst und davon 5 Sätze, hast du im Endeffekt pro Arm 75 Wiederholungen gemacht. Das mit entsprechendem Gewicht absolviert, hast du dann schon einiges erreicht und deine Kraft gut gesteigert.

Nachstehend gebe ich hier noch Beispiele für ein HIIT-Tabata-Training, das aber wie gesagt auch variiert und anderst zusammengestellt werden kann.

Sprint 20/60-6x

20 Sekunden Sprint (so schnell es geht), dann 60 Sekunden aktives Gehen zum Ausgangspunkt, 6x wiederholen, d.h.insgesamt 8 Minuten

Liegestütz Tabata

Das heißt immer 20 Sekunden Belastung, dann 10 Sekunden Pause (inaktiv; höchstens Ausschütteln der Arme); dauert immer 4 Minuten

Kettlebell-Swing 40/20-7x

Swings mit der Kugelhantel (wurde bereits erklärt). Belastung dauert hier 40 Sekunden, die Pause dazwischen 20 Sekunden. Wir machen 7 Durchgänge in Folge, d.h. insgesamt 7 Minuten.

Tabata x3 (Liegestütz-Kniebeugen- Hampelmann)

Das heißt, hier wird jeweils das Tabata-Training angewendet. Das wäre hier 4 Minuten (also 8x 20/10) Liegestütz, dann 4 Minuten Kniebeugen und zum Schluss 4 Minuten Hampelmann.

Ihr könnt zwischen den einzelnen Übungen (also nach jeweils 4 Minuten) eine kleine Pause machen. Müsst ihr aber nicht. Ihr könnt auch die Übungen ohne Pause aneinanderreihen. Das ist dann ein ordentliches Training. Glaubt es mir.

Hampelmann 30/15-10x

Also 30 Sekunden lang Hampelmänner, dann 15 Sekunden lang Pause. Dies wird dann in Folge 10 Mal wiederholt, so dass insgesamt 7 Minuten 30 Sekunden lang trainiert wird

Kniebeugen mit Sprung- Tabata

insgesamt 8 Mal 20 Sekunden Belastung, also eine Kniebeuge mit anschließendem Sprung nach oben, mit jeweils immer 10 Sekunden Ruhephase. Also 4 Minuten. Fortgeschrittene können die Kniebeugen mit dem Sprung relativ schnell absolvieren (wie bei einer Feder, die gespannt wird). Hier brauchen die Kniebeugen auch nicht ganz so tief sein.

Swings 40/20-7x + Expander-Tabata

Hier werden wir Swings mit der Kugelhantel machen, und zwar 40 Sekunden lang, dann 20 Sekunden Pause. Dies machen wir 7 Mal. Danach machen wir eine kurze Pause und wenden uns dem Expander bzw. Expander-Tube zu. Hier wird noch ein Tabata-Training (4 Minuten) absolviert. Wenn ihr einen Expander mit variablen Bändern habt, umso besser. Aber der Expander ist tückisch. Wenn 30 kg Zuggewicht am Anfang vielleicht noch relativ leicht zu ziehen ist, wird dies am Schluß schon ganz schön schwer werden.

Macht alle Belastungsübungen so schnell und intensiv wie möglich, aber auch so korrekt wie nötig (hier solltet ihr nicht nachlassen)!

Wie gesagt, ihr könnt alle Übungen kombinieren mit einem HIIT-System oder Tabata oder dann beides. Ihr könnt mehrere Übungen in Folge machen mit oder ohne Pause dazwischen, wie ihr drauf seid und wie euer momentaner Fitness-Stand ist. Ich selbst kombiniere ganz gern eine Kraftübung bzw. eine Kraftausdauerübung mit einer Ausdauerübung. Beispielsweise mache ich positive Liegestütze als Tabata. Danach verkürzte Hampelmänner (Arme nur angewinkelt, dafür schneller) 40/20- 7x. Danach noch ein paar Rotations-und Dehnübungen. Aber jeder so wie er will oder kann. In der Woche 4-5 Mal je 10 Minuten und noch etwas dehnen dazu. Denke das schafft jeder. Die meisten verbringen ein mehrfaches an Zeit mit ihrem Handy. Da dürfte dies auch noch drin sein.

Na siehst du, es geht doch! Keine Ausreden mehr.

Trainingsmethoden

Das Wichtigste überhaupt ist nicht die Zeit, wie lange du trainierst, sondern dass du in der Zeit, in der du trainierst, alles gibst. Das heißt, wenn du zum Beispiel eine Übung mit Tabata machst, dann hole in den 20 Sekunden jeweils das Optimalste heraus, was geht. Das kann mal mehr, mal weniger sein, je nach dem wie eurer Zustand ist. Manche sagen, wenn ich das ganze 8 Mal wiederhole, gebe ich am Anfang nicht alles. Aber das ist nicht das Ziel. In jedem Satz bzw. in jeder Belastung alles geben, was möglich ist, und nicht weniger. Es kann sogar sein, dass ihr euch im Verlauf der Übung steigert, wenn ihr euch hineinfindet und auch herausfindet, wie ihr die Übung noch effektiver und vielleicht auch schneller machen könnt. Also **Schluss mit der Wohlfühlzone. Schluss mit dem moderaten Training**. Das heißt aber ganz und gar nicht, dass das Training nicht Spaß machen darf. Ganz im Gegenteil. Das kann und wird sehr wohl der Fall sein, auch wenn du dich in der Zeit des Trainings total verausgabst. Und hier liegt dann genau der Unterschied, ob ich meinen Körper, meine Gesundheit und mein Wohlbefinden auf Dauer verändern will. Indem ich mich aus meiner „Wohlfühlzone" herausbegebe und mal was anderes probiere. Keine Angst. Ihr habt nichts zu verlieren, außer einigen Kilos und Zentimetern am Bauch und Hüfte. Und wenn das, was ihr bisher gemacht oder probiert habt, nicht so richtig funktioniert hat, gibt es nichts mehr zu überlegen. Also, los geht's!

Für viele ist es mit Sicherheit am Anfang eine totale Umstellung ihres bisherigen Trainings (falls es eines gab) und auch ihrer Gewohnheiten. Aber mal ehrlich! Wer es mit seinem Training oder seinem System bisher nicht geschafft hat, dass er mit seiner Figur zufrieden ist, der kann getrost und mutig sein und was Neues testen. Es tut nicht weh! Und das in wesentlich kürzerer Zeit, in der ihr sonst vielleicht trainiert habt in der „moderaten Zone".

Fazit: Du sparst Zeit. Du trainierst effektiv. Durch das kürzere Training trainierst du öfter und auch regelmäßig (4 Mal die Woche 10 Minuten effektiv ist weitaus wirkungsvoller als 2 Mal die Woche 1-2 Stunden moderates Training). Wenn Joggen oder Walken nicht dein Ding ist, versuch´s mal mit Intervall-Sprints.

Selbst wenn du aus irgendwelchen Gründen eine Zeitlang nichts machen kannst oder darfst und hierdurch auch an Gewicht und Umfang zulegst, kannst du in überschaubarer Zeit dieses wieder ins Gegenteil umkehren. Bei konsequentem Training wie bereits beschrieben durchaus relativ schnell machbar. Natürlich sind keine Wunder wie in manch einer Werbung zu erwarten, aber mit etwas Geduld passt es. Und wenn du dann wieder abgenommen hast, bist du motivierter denn je und hast richtig Biss, immer wieder andere Dinge in deinem Training zu testen.Abwechslung im Training ist sehr wichtig. Selbst wenn du nur Kleinigkeiten veränderst. Du wirst dich nach einiger Zeit richtig auf dein Training freuen. Glaube es mir.

Noch ein Wort zu den Leuten mit diversen **körperlichen Einschränkungen**. Hiervon werden die meisten von uns nicht verschont, wenn es auch nur temporär (auf Zeit) bedingt ist. Ich selbst bin auch nicht ganz davon verschont geblieben. Aber nicht ganz so schlimm. Ich komm ganz gut zurecht. Bestimmte Dinge wirst du halt dann lassen und dafür was anderes einbauen. Wenn keine schnellen Sprints mehr gehen, dann halt Hampelmänner oder Laufen/Hüpfen auf der Stelle. Es gibt so viele Übungen, die trotz Einschränkung gehen. Stell dir die Übungen zusammen. Es gibt immer einen Weg. Und ich denke, mit meinem Buch hast du das Werkzeug an der Hand. Also mach was draus. **Es liegt jetzt an dir!**

Und noch was: Wenn es dir mal nicht so gut geht, du dich schlecht fühlst, angeschlagen oder krank bist, verzichte lieber auf dein Training, bis es dir wieder besser geht. Aber hinterher kannst du noch „eine Schippe drauflegen".

Es liegt nun an dir. Mach was draus und beginne!

Ernährung

Ich weiß. Ein heikles Thema. Und ich möchte mich auch nicht allzu lange hier auslassen. Aber da dieses Thema nun mal enorm wichtig ist, komme ich nicht umhin, hier noch einige Worte zu sagen. Es gibt glaube ich keinen Bereich, über den mehr geschrieben worden ist, als über Ernährung. Gut....Jeder weiß, die Nahrung wird definiert durch Kohlenhydrate, Fette, Eiweiß, Mineralstoffe, Spurenelemente, usw. Es gibt auch hier zuhauf gegensätzliche Meinungen und Studien. Alle paar Jahre wird wieder alles über den Haufen geworfen und es gibt neue Empfehlungen. Alles sehr verwirrend. Ich fasse mal meine Erfahrungen und mein Wissen bzw. auch das Wissen anderer hier mal zusammen.

Was gut für dich ist

-gesunde Nahrung, möglichst naturbelassen

-Fett, Kohlenhydrate und Proteine sind wichtige Nährstoffe

-setz dich hin zum Essen und nimm dir wenn möglich Zeit

-iss langsam und möglichst ohne Ablenkung

-trink ausreichend Wasser (keine Säfte)

-ab und zu eine kleine Belohnung

 (Nüsse, Studentenfutter, Stück Schokolade, Glas Wein)

-abwechslungsreiche Nahrung

Ernährung

Was du lassen solltest

-zuviel zuckerhaltige Getränke/Nahrung

-Fertignahrung und verarbeitete Gerichte

-Gerichte mit Zusatzstoffen, Haltbarkeitsmacher und Füllstoffen usw.

-Verzicht auf Fette und/oder Kohlenhydrate

-regelmäßig oder zuviel Alkohol

-alle Arten von Zusatzstoffen wie Anabolika, Drogen, künstlich hergestellte sogenannte Wunderpillen, Abnehmpillen jeglicher Art usw.

-wenn dir etwas widerstrebt oder du allergisch reagierst

Im Prinzip vertraue auf deinen Körper, aber lass dich nicht täuschen. Die Lebensmittelindustrie hat da schon ihre Tricks, um Essen schmackhaft zu machen, ohne dass viel Wertvolles drin wäre. Greife lieber auf naturbelassene Nahrung oder Snacks zurück (Obst, Nüsse, Samen und dergleichen). Und halte dich fern von Mixgetränken (abgesehen von naturtrübem Apfelsaft, frischgepressten natürlichen Saft mit Wasser) oder sonstigen Säften (die meisten enthalten leider Unmengen von Zucker oder zuckerhaltigen Stoffen). Bei den meisten Nahrungsmitteln steht hinten halt nicht Zucker drauf, sondern wird anderst aufgelistet. Der Zucker wird also getarnt.

Ernährung

Und wenn du etwas zubereitest, kaufe lieber die Zutaten selber ein und richte sie an, anstatt irgendwelche Soßen oder Marinaden zu kaufen. Davon rate ich ab. Über Alkohol und Tabakwaren werde ich nicht viele Worte verlieren. Jeder weiß um die Wirkung. Wenn schon, dann mit Genuss und nicht so oft. Ein Glas Wein, eine Zigarre, oder was dir zusagt. Es geht natürlich auch ohne. Aber wenn es gut tut und Freude bereitet, wieso nicht. Das sind nicht die Probleme, mit denen wir uns hier befassen. Wie ich durchweg festgestellt habe, die Geisel der Leute sind ihre Gewohnheiten, auf die sie wieso auch immer nicht verzichten wollen. Da hörst du dann in etwa folgendes wie „ich brauche morgens meinen Kaffee zum Wachwerden; nach dem Essen brauche ich eine Zigarette; ein Stück Schokolade nach dem Essen muss sein; 2-3 Mal die Woche brauche ich mein Fleisch; morgens brauche ich mein Brot, meine Brötchen, meine Seele, meine Leberkäs-Semmel. Und da gibt es auch keine Abstriche oder Abwechslung. Da wird stur und fest behauptet, dies und jenes brauche ich unbedingt. Es hört sich dann so an, als ob das lebenswichtig wäre. Na ja, ich trinke morgens auch meinen Kaffee. Aber wenn es machbar ist, dann, wenn es mir zusagt und nicht zu einer festgelegten Zeit. Nichts gegen Rituale, aber beim Essen...beim Training wären diese Rituale wahrscheinlich besser. Viele Leute beharren so auf ihre Gewohnheiten, dass du meinst, wenn du ihnen das nimmst, geht es bald zu Ende. Macht lieber den Sport zu eurer Gewohnheit. Und bringt mal Abwechslung in eure Ernährung. Mal morgens einen „Smoothie-Mix" oder eine Banane, einen Apfel, ein zuckerfreies Müsli, und dergleichen.

Ernährung

Noch was zur Nahrungsverwertung. Du solltest zwar deinen Grundumsatz kennen, aber zähle keine Kalorien. Verschwende diene Zeit hier bitte nicht. Das machen nur Hochleistungs-Bodybuilder. Natürlich ist es kein Fehler, wenn du in etwa die Kalorien deiner Nahrung kennst und auch die Verteilung (Fette, Kohlenhydrate und Protein/Eiweiß). Du kannst auch gerne mal nachlesen, was mit der Nahrung, die du täglich aufnimmst, passiert (Aufspaltung, Zuführung ins Blut usw.). Es schadet nicht. Was ebenfalls nicht schaden kann, ist hin und wieder eine Leberreinigung mit anschließender Darmreinigung. Das sind dann 1-2 Tage, an denen du deiner Gesundheit etwas gutes tust, indem angesammelte Giftstoffe samt Gallensteinen und Gallengries aus dem Körper geschwemmt werden. Du wirst dich danach besser fühlen. Hierzu gibt es auch Lektüre. Aber wie gesagt, ist nicht jedermanns Sache. Viel mehr Worte möchte ich zum Thema Ernährung nicht mehr sagen. Nur noch ein Ratschlag von mir: Wenn du keinen Erfolg hast trotz guten Trainings, dann ändere deine Essgewohnheiten. Iss mal morgens nur Obst, lass eine Zeitlang Brot und Backwaren weg, iss abends mehr Protein anstelle von Kohlenhydraten, schränke den Konsum von Alkohol ein oder lass ihn eine Zeit lang ganz weg und verzichte ganz auf irgendwelche Säfte. Trink Wasser und Tee. Ist alles nicht so schlimm, wenn du dich dran gewöhnt hast, kann aber Wunder wirken. Nur nicht sofort. Es geht ein Weilchen. Aber auch nicht allzu lange. Na dann, viel Erfolg!

Sonstiges

Hier kommen all die Dinge noch zur Sprache, die ich bisher gar nicht oder nur am Rande erwähnt habe. Zumindest die Dinge, welche ich für wichtig halte. Das andere können wir getrost weglassen.

Leistung habe ich bei meiner Einleitung bereits mal erwähnt. Nach der Formel ist dies Kraft mal Weg durch Zeit. Das heißt, ich wende in irgendeiner Form Kraft auf. Indem ich meinen eigenen Körper bewege wie zum Beispiel bei den Liegestütz. Oder ich drücke ein bestimmtes Gewicht über den Kopf oder bringe es vom Boden weg in Schwung wie beim Kettlebell-Swing. Ich setze also eine bestimmte Kraft ein. Da dies meist nicht statisch geschieht (wie bei den isometrischen Übungen), lege ich hierbei eine gewissen Strecke zurück. Ich bewege zum Beispiel meinen Körper nach unten in die Kniebeuge und bewege diesen anschließend wieder nach oben. Das ist dann der zurückgelegte Weg. Oder ich nehme eine Hantel vom Boden auf und drücke diese über Kopf und lege sie wieder auf dem Boden ab. Und das ganze passiert in einer entsprechenden Zeit. Beispielsweise nehme ich eine Kugelhatel vom Boden auf. Diese drücke ich über Kopf und dasselbe wieder nach unten. Das heißt, wenn ich eine 16 kg schwere Kugelhantel vom Boden nach oben und wieder nach unten bringe, ist das insgesamt ein Weg von ca. 4 m. Und das vielleicht in einer Zeit von ca. 3 Sekunden. Das ist dann eure Leistung. Und je öfter und schneller ihr dies macht, wird eure Leistung erhöht.

Sonstiges

Dies könnte man noch in Watt-Zahlen umrechnen, aber das könnt ihr auch mal nachlesen, wenn es euch interessiert. Nur soviel noch. Wenn ihr zum Beispiel eine Hantel mit 40 Kilo Gewicht vom Boden aufnehmen und über Kopf drücken könnt und wieder auf auf den Boden ablegt, das ganze etwa 8 Mal in 30 Sekunden, ist das schon eine enorme Leistung. Wenn ihr das gleiche mit 30 kg in 30 Sekunden 12 Mal wiederholt, habt ihr zwar weniger Gewicht umgesetzt, aber im Endeffekt durch die 4 Wiederholungen mehr insgesamt eine größere Leistung vollbracht. Wir reden jetzt nicht vom Kraftzuwachs, sondern rein von der Leistung. Zusätzlich bewege ich ja meinen Körper nach unten, um die Hantel aufzunehmen. Und dann mit dem Gewicht nach oben und dann wieder nach unten. Du kannst auch ein bestimmtes Gewicht aufnehmen und mit diesem eine bestimmte Strecke zurücklegen. Auch eine Leistung, nur etwas anderst, da das Gewicht dann statisch bewegt wird und nicht dynamisch. Wie auch immer. Du machst eine Übung, indem du ein bestimmtes Gewicht über einen bestimmten Weg in einer bestimmten Zeit bewegst. Du kannst dann beim nächsten Training dieser Art versuchen, dich zu steigern. Entweder erhöhst du das Gewicht, du legst einen größeren Weg zurück oder du machst das ganze in kürzerer Zeit. In der ersten Zeit kannst du dir dieselbe Übung vornehmen und versuchst, in der gleichen Zeit vielleicht 1 oder 2 Wiederholung mehr zu machen. Irgendwann kommst du an deine Grenzen hier mit den Wiederholungszahlen, dann verändere den Winkel, den Abstand oder den Umfang oder die Strecke. Dann bleibt das Training interessant und bietet immer was Neues.

Sonstiges

Motivation ist auch wieder bei vielen so ein ungeliebtes Wort. Da hörst du Sachen wie „ich kann mich heute gar nicht aufraffen und motivieren, ich bin heute so schlapp, ich komm gar nicht in die Gänge" und so weiter. Das sind alles nur irgendwelche Ausreden fürs Nichtstun. Und wenn dies von deinem Gegenüber noch bestätigt wird, ist es natürlich noch viel besser. Wenn der auch nicht „in die Gänge kommt", ist dies ja prima. Dann geht es ja noch anderen so wie dir. Nur hilft dir das ja nicht weiter. In der Zeit, in der du mit anderen über mangelnde Motivation aus was für Gründen auch immer sprichst, wäre dein Training fast schon wieder vorbei. Am besten wäre es ja, wenn du gar keine Motivation mehr brauchst, sondern du dir höchstens noch überlegst, was du heute trainieren möchtest. Und nicht ob. Wenn du nach einiger Zeit Erfolge siehst, dann überlegst du dir nicht mehr, ob du trainierst, sondern welche Übungen du heute machen wirst. Und komm mir nicht mit „ich schaffe das heut nicht mehr, ich bin so geschafft oder in meinem Alter geht dies oder das nicht,und und und...Klar kannst du vielleicht mit 50 oder 60 nicht mehr ganz so trainieren wie mit 20 oder 30. Aber du kannst dein mögliches dazu beitragen. Und wenn ich mir heute so manche anschaue, die vielleicht Mitte 20 sind, mache ich mir um mein Alter keine Gedanken mehr. Und wenn dann noch von den Jüngeren kommt, sie sind ganz schön fit für ihr Alter, kann es schon sein, dass in meinem Gesicht der Ansatz eines dezenten Lächelns zu finden ist. Du wirst auf irgendeine Art immer belohnt werden, wenn du regelmäßig trainierst und auf deinen Körper achtest. Und wenn nur dein Hausarzt zu dir sagt, du könntest mal wieder vorbei schauen.

Sonstiges

Fitness-Tagebuch/Fotos sind ebenso für Anfänger wie auch für Fortgeschrittene oder Profis unerlässlich. Ich empfehle jedem, jedes Training zu notieren. Egal, ob das Training 5 Minuten dauert oder eine halbe Stunde. Du kannst danach deinen Fortschritt sehen. Seien es mehr Wiederholungen, mehr Gewicht oder ein anderer Rhythmus. Mach auch hin und wieder Bilder von dir oder bitte deinen Partner, dies zu tun. Nur für dich. Dann siehst du, daß dein Training Erfolg hat und wo du eventuell noch arbeiten kannst. Du kannst dich auch mal wiegen oder deinen Bauchumfang messen. Wie du willst. Aber übertreibe es nicht. Es ist nicht sinnvoll, dauernd auf die Wage zu steigen. Schau lieber in den Spiegel. Und vor allem. Zwing dich nicht, sondern habe Spaß. Und wenn dir eine Übung absolut nicht zusagt, gibt es zwei Möglichkeiten. Entwender du lässt sie ganz weg oder du machst sie zu einer deiner Lieblingsübungen. Du denkst jetzt bestimmt, der spinnt wohl. Ganz im Gegenteil. Wenn du etwas partout nicht magst oder kannst, dann häng dich so lange rein, bis der „Knoten platzt" und du es gerne tust. Oder lass es bleiben. Wenn du vielleicht keine Liegestütze kannst, versuch es zuerst mit leichten Varianten. Dann steigere den Umfang. Dann mach es schwerer, steigere dich weiter. Du wirst sehen, es funktioniert. Wenn nicht, hast du nichts verloren. Dann mach was anderes. Aber wenn es klappt, wird dich das weiter bringen. Denn dann weißt du, dass alles gehen kann. In deinem Fitness-Tagebuch kannst du vermerken, wann du was in welchem Umfang trainiert hast und dir auch deine Vermerke dazu machen, außerdem kannst du vermerken, wo das Training stattfand. Zu Hause, unterwegs oder im Studio oder wo auch immer.

Weitere Faktoren

(Stress/Ruhe, Erholung, Schlaf, Anspannung/Entspannung)

Fakt ist, jeder Mensch ist unterschiedlich. Dem einen reichen 5 Stunden Schlaf über lange Zeit, der andere kann mit Stress und Belastung besser umgehen als der andere. Der eine braucht Aktivität, der andere absolute Ruhe. Der eine döst stundenlang im Liegestuhl, der andere macht lieber einen längeren Spaziergang. Was für den einen Erholung ist, kann für den anderen Stress bedeuten. Also, du musst für dich, und nur für dich, selbst herausfinden, was gut für dich ist und vor allem in welcher Dosis. Teste aus, probiere. Und dann bewerte. Mit An- und Entspannung, mit Training und Ruhe. Du wirst schnell darauf kommen, was gut für dich ist und was nicht. Bestimmte Dinge bei der Arbeit, Bürokratiekram und so einiges andere lässt sich leider nicht umgehen. Aber alles andere kannst du selber bestimmen und beeinflussen. Und vor allem: Genieße, was du tust. **Ändere Dinge, die dich stören. Was du nicht ändern kannst, akzeptiere oder ignoriere es.** Es gibt natürlich noch viele Aspekte, die ich nicht angesprochen habe. Aber das würde den Rahmen zumindest dieses Buches sprengen. Nur noch eines. Wenn du dir über eine Sache nicht sicher bist, sammle erst Fakten und bewerte sie danach. Es ist leicht, etwas sofort zu bewerten und abzulehnen. Aber glaube mir, das ist der falsche Weg. Wenn du bestimmte Dinge ablehnst nach reiflicher Prüfung, dann ist es in Ordnung. Es kann aber auch sein, dass du dann anderer Meinung bist. Es gibt aber auch Dinge, die kannst du sofort bewerten und dann abhaken. Die Erfahrung wird es zeigen. Fehler inbegriffen.

FAQs/Häufig gestellte Fragen

Hier gehe ich noch auf Fragen ein, die ihr vermutlich stellen wollt. Das meiste werde ich im Vorfeld schon beantworten können. Hoffe ich mal.

-Kann ein Training von nur 5 oder 10 Minuten wirklich etwas bewirken? Es kann. Allerdings müsst ihr in dieser Zeit alles geben. Dann passt es. Der Nachbrenneffekt ist enorm.

-Kann ich weiterhin meine Sportarten wie bisher ausüben (wie Joggen, Walken, Tennis, Squash, Radfahren,...)? Natürlich. Du wirst hier sogar auch besser werden. Und/oder du wirst diese Sportarten noch interessanter gestalten. Beispielsweise kleine Sprints beim Joggen zwischendurch.

-Was sollte ich ernährungstechnisch vor bzw. nach dem Training beachten? Du solltest nicht ausgehungert oder ohne Kraft trainieren und auch nicht mit vollem Bauch. Eine halbe Stunde vor und nach dem Training ein leichter Eiweißdrink kann nicht schaden. Hier aber darauf achten, daß ihr was Gutes und möglichst ohne Zucker (nur Milchzucker) erwischt.

-Man sagt doch, daß die Fettverbrennung erst nach etwa einer halben Stunde einsetzt? Richtig und Falsch! Die erste halbe Stunde werden vermehrt Kohlenhydrate (Stärke) verbrannt. Wenn diese verbraucht sind, geht es dann ans Fett. Allerdings verbrennst du auch schon Fett von der ersten Sekunde an.

Aber: wenn du 1 Stunde auf dem Heimtrainer sitzt, verbrauchst du etwa ½ Stunde mehr Kohlenhydrate, anschließend dann ½ Stunde lange mehr Fett. Hier hast du aber einen Nachbrenneffekt, der sich in Grenzen hält. Wenn du allerdings 10-15 Minuten lang Gas gibst und alles aus dir rausholst, hast du zwar zunächst weniger Fett verbrannt wie in der Stunde. Aber der Nachbrenneffekt kann mehrere Stunden bis zu zwei Tage lang anhalten. Nun. Was ist dir lieber? Und du hast dabei noch Zeit gespart. Und mal ehrlich! Lieber 4-5 Mal die Woche 10 Minuten Gas geben als 2-3 Mal die Woche 1-1 ½ Stunden „moderat" trainieren. Das halten die meisten eh nicht lange durch.

-Was ist, wenn ich eine Übung nicht mag, nicht machen kann oder in der Art nicht machen kann? Kein Problem, dann lass die Übung weg, mach was anderes oder verändere sie, dass es bei dir passt. Wenn dir Hampelmänner (Jumping Jacks) nicht zusagen, dann spann nur die Arme an und führe sie nur zur Seite, anstatt sie über dem Kopf zusammen zu bringen. Verändere, experimentiere, probiere! Alles klar! **Es gibt keine starren Regeln. Nur die eine: Gib in jedem Training alles!**

-Gibt es noch andere sinnvolle Übungen, die hier nicht erwähnt wurden? Es gibt wohl noch eine Menge solcher Übungen. Aber ich denke, wenn du die hier erwähnten hin und wieder oder auch regelmäßig machst, wird dies zumindest vorerst reichen. Du kannst dir natürlich auch einen alten Lkw-Reifen besorgen und hinter dem Haus mit einem Eisenhammer (gibt es in allen Gewichtsklassen im Handel) immer wieder darauf einschlagen. Übrigens: Sehr effektiv!

FAQs/Häufig gestellte Fragen

Sei kreativ, lass dir was einfallen. Es gibt genug Möglichkeiten für ein sinnvolles Training. Aber mach erst mal ein Teil der Übungen, die du hier findest. Es sind genug.

-Wieviele verschiedene Übungen sind in einem Tabata-Training (8x20 Sekunden reine Trainingszeit) sinnvoll? Du kannst nur eine Übung machen, und die 8 Mal in Folge. Oder zwei Übungen. Erst vier Mal die eine, dann vier Mal die andere. Oder im Wechsel. Oder auch vier verschiedene Übungen, zwei Durchgänge lang. Oder auch 8 verschiedene Übungen hintereinander. Ich selbst mache meist 8 Mal dieselbe Übung. Danach kann ich ja weitere Übungen folgen lassen. Quasi zum Beispiel 4 Minuten Liegestütz, dann 4 Minuten Kniebeugen und dann weitere 4 Minuten Hampelmänner. Aber das überlasse ich euch. Probiert, was euch am besten zusagt. Es gibt keine festgelegten Regeln.

-Wieso finde ich in dem Buch keine Trainingspläne? Ich selbst habe viele Bücher zum Thema Sport, Fitness und dergleichen zu Hause. Teils auch mit diversen Trainingsplänen. Hier werden zum Teil ganze Kapitel gefüllt oder auch mal ganze Bücher. Diese haben teils auch ihre Berechtigung. Aber da jeder Mensch sich vom anderen unterscheidet, jeder andere Ziele hat und auch je nach Vorgaben kontrovers trainieren sollte, **wird ein Trainingsplan nicht funktionieren**. Vielleicht nur ein kleiner Teil davon. Stell dir lieber deinen individuellen Plan selbst zusammen und verändere ihn nach Bedarf. Und vergiss auch die Wunder-Trainingspläne aus der Werbung oder von Prominenten. Das wird auf Dauer nicht funktionieren. Zumindest nicht bei einem Großteil der Leute.

FAQs/Häufig gestellte Fragen

Die Leute, welche diese Bücher vorstellen, haben es vielleicht geschafft, ihre Figur dramatisch zu verändern. Und vielleicht bieten sie ihr Buch dann auch voller Überzeugung an ohne an die Verkaufszahlen zu denken. Sie klingen auch überzeugt, weil es ja bei ihnen funktioniert hat. Ich möchte mal den guten Willen dieser Leute unterstellen. Alles gut und schön, aber es wird bei euch nicht oder nicht auf Dauer funktionieren. Es wäre in etwa dasselbe, wenn der Sportlehrer oder Therapeut in der Reha dem Hüftkranken und dem , der eine Verletzung an der Schulter hat, dasselbe Training verordnet. Kann auch nicht funktionieren. Ich denke, ihr habt es verstanden!

-Was sollte ich rund um das Training noch beachten? Wenn du zum Beispiel im Sommer draußen übst und es ist schön warm, genügt schon ein leichtes Aufwärmen. Bei kaltem Wetter solltest du dich erstens besser anziehen und auch besser und länger aufwärmen. Keine Angst. Es hält sich in Grenzen. Hauptsächlich solltest du die Muskeln aufwärmen, die du dann trainieren willst. Wenn du wie meist ein Ganzkörper-Training machst, leichtes Aufwärmen der Beinmuskulatur und vor allem der Schultermuskeln. Hier kannst du dir am ehesten mal eine Zerrung holen. Aber keine Sorge. In meinem Training (teils mit ordentlichem Gewicht) habe ich mir höchstens mal einen Muskelkater abgeholt. Aber bei rgelmäßigem Training ist dieser dann eher angenehm und sagt dir, dass deine Übungen effektiv waren. Du solltest natürlich keine größeren Schmerzen über mehrere Tage haben. Dann war es des guten zuviel. Aber höre auf meine Ratschläge, dann wirst du von so etwas verschont bleiben.

FAQs/Häufig gestellte Fragen

Merke: **Du sollst an oder über deine Grenzen gehen. Deine „Wohlfühlzone " verlassen. Aber der Spaß darf nicht zu kurz kommen. Und die Gesundheit darf nicht darunter leiden.** Und nicht alles so verbissen sehen. Jedes Training, auch wenn es momentan nicht so scheint, bringt dich weiter. Nach einem intensiv fordernden Training kannst du dir auch schon hin und wieder was gönnen. Wir sind ja hier nicht im Kloster. Und selbst die gönnen sich hin und wieder was. Bestimmt.

-Was gibt es noch zu sagen zum Abnehmen und zu Diäten?
In dem Bereich wird unglaublich viel Schrott zum Besten gegeben. Das ist echt wahnsinnig. Und es gibt hier sehr viele Leute, die damit ihr Geld verdienen. Wie ich finde, zu Unrecht. Weil die Leute genau wissen, dass es nicht funktioniert und sie nur den Leuten das Geld aus der Tasche ziehen. Aber was machen die Leute nicht alles, wenn sie verzweifelt sind und unbedingt abnehmen möchten. Dann greift man nach jedem Strohhalm. Wenn du bis hierher gelesen hast, dann weißt du ja hoffentlich, was zu tun ist. Halte dich an meine Ratschläge und Hinweise, auch in Bezug auf die Ernährung, dann wird es auch auf Dauer funktionieren. Selbst wenn du rein vom Gewicht her nicht groß abnimmst, wird sich dein Körper verändern. Und noch eines. Wir machen keine „Diät". Hier muss ich mich zu etwas zwingen und vielleicht Sachen essen, die mir nicht zusagen. Gut, auch hier ist eine gewisse Umstellung der Gewohnheiten meist ganz angebracht, aber das kannst du auf Dauer bewältigen. Eine „Diät" wird nicht klappen. Also, trainiere gut und übertreib es nicht mit dem Essen. Und halte dich an meine Tipps. Dann ist es gut.

FAQs/Häufig gestellte Fragen

-Gibt es noch sinnvolle Übungen, die nicht in diesem Buch stehen? Natürlich. Die wird es immer geben. Und was für den einen sinnvoll ist, kann für den nächsten bereits schon nicht mehr passen. Aber nachfolgend vielleicht noch einige Übungen, die ich bisher nicht erwähnt habe.

Rotationsübung für den Rücken

Diese Übung kannst du sitzend oder stehend ausführen. Ausgangsstellung wie auf dem Bild. Dann leicht nach links und rechts bewegen mit dem Oberkörper. Nicht mit der Hüfte. Gut für die Beweglichkeit der Wirbelsäule und des Rückens.

Danach kannst du noch eine ähnliche Übung machen. Diese kannst du ebenso im Sitzen oder Stehen ausführen. Hierzu nimmst du eine aufrechte Haltung ein (Brustbein nach oben bewegen). Dann halte deine Arme jeweils angewinkelt mit der Handfläche nach vorne vor den Körper in Brusthöhe. Dann schiebe abwechselnd den rechten und linken Arm nach vorne. Mobilisiert ebenso die Wirbelsäule und den Rücken.

Rotationsübung für den Oberkörper

Hier noch eine Übung zur Stärkung und Mobilisation des Oberkörpers. Du machst Rotationsbewegungen mit den Armen in eine Richtung. Wie wenn du Wolle aufwickeln wolltest. Hier wechselst du dann mehrmals die Richtung. Die Übung kannst du jederzeit überall ausführen.

FAQs/Häufig gestellte Fragen

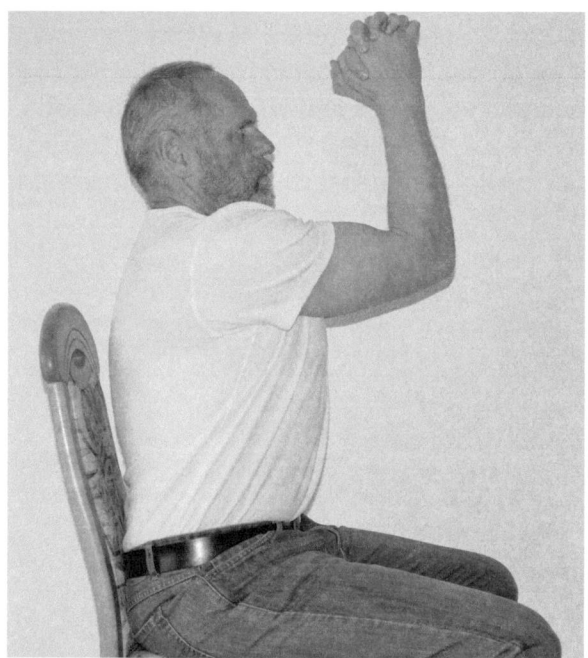

Mobilisation des Schultergelenkes

Du faltest die Hände. Die Ellbogen sind 90 Grad angewinkelt. Beide Unterarme drücken gegeneinander und du bewegst dann beide Arme über den Kopf. Entlastet den Schultergürtel. Die Übung kannst du sitzend machen wie hier abgebildet oder auch liegend. Hier stellst du deine Beine zusätzlich im 90-Grad-Winkel auf, drückst den unteren Rücken in die Unterlage und führst die Übung aus. Entlastet und durchblutet die Schultern sehr gut.

Schlusswort

Nun denn... Wenn ihr dieses Buch aufmerksam gelesen habt (was ich doch hoffe) noch einige Worte zum Abschluss. Ich erhebe hier von dem was ich geschrieben habe keinen Anspruch auf Vollständigkeit oder dass ich das Rad neu erfunden hätte. Ich gebe euch hier nur ein paar Werkzeuge an die Hand, um eure Ziele zu erreichen. Sei es, um stärker zu werden, Spaß zu haben und nicht allzu lange Zeit zu investieren. Oder was auch immer ihr daraus macht! Ich denke, jeder kann aus diesem Buch seinen Nutzen ziehen. Ich hoffe, ich habe alles in einigermaßen verständlichen Worten rübergebracht (auf „wichtige" Fachbegriffe habe ich bewusst verzichtet). Und was vielleicht nicht ganz so verständlich angekommen sein sollte, schaut euch in Ruhe die Fotos an. Ein Bild sagt mehr als tausend Worte. Ich hoffe mal, meine Ausführungen waren nicht zu kurz und auch nicht zu ausschweifend. Falls dies so sein sollte, dann seht es mir nach. Jedem gerecht zu werden ist eine Kunst, die niemand kann. Also. Macht das Beste draus und „lasst es krachen". Euer Körper und euer Geist werden es euch danken. **Gesundheit ist nicht alles. Aber ohne Gesundheit ist alles nichts.**

In diesem Sinne. Beginne. Genau jetzt!   Euer Autor

Danksagung/Anmerkung

Zunächst möchte ich jenen danken, die mich in ihren Büchern, Worten oder Taten dazu inspiriert haben, dieses Buch zu schreiben. Insbesondere die vielen Autoren, die mich ermutigt haben, ein so hoffe ich „verständliches Buch" zu schreiben. Es gibt auch noch hervorragende Autoren, die ich noch gesondert erwähnen möchte. Dies sind im einzelnen das Buch von Kolja Barghoorn „Der Abnehmschlüssel", welcher mir sehr gut gefallen hat. Das Buch hat Hand und Fuß. Dann noch die Übungen „Das Muskelworkout" von Dr. Froboese. Ebenfalls sehr gut gemacht. Und natürlich das Standardwerk „Kettlebell-Training" von Pavel Tsatsouline, ein Muß für jeden Fan der Kugelhantel. Auch ein Dank an die vielen Leute, die im Internet zu diversen Übungen und auch auf „youtube" ihren Beitrag geleistet haben. Auch großen Dank an all die Leute, die mir in einigen Jahrzehnten begegnet sind, die trotz großer Bemühungen nicht den gewünschten Erfolg verbuchen konnten. Sie haben mir den Weg gezeigt. Danke auch an meine Frau, die ich mit so einigem hin und wieder genervt habe (sorry, musste sein). Danke an Petra Neumann, dass ich im Card-Studio Leutkirch Bilder machen durfte. Letztlich noch herzlichen Dank an meine Models, die dieses Buch stark aufgewertet haben. Und danke auch für eure Geduld. Ein gutes Bild ist das Resultat aus vielen Bildern und Posen. Aber ich denke, es war nicht allzu anstrengend und hat Spaß gemacht. Danke auch noch an all diejenigen, die mich inspiriert haben und die ich hier nicht erwähnt habe.

Danksagung/Anmerkung

Und noch etwas sehr wichtiges zum Schluss. Dann will ich euch nicht weiter nerven, bevor ihr beginnen könnt. Lasst eurer Training in euer Leben einfließen. Aber stellt das Training nicht über alles. Seid hilfsbereit, wenn es nötig ist. Schadet wenn möglich niemanden, es sei denn, es ist nicht anderst machbar. Sagt nein, wenn es zuviel wird. Stelle deine Familie an erster Stelle. Überlege dir, was du tust. Und wenn dich etwas ärgert, schlaf darüber. Wenn es dich dann noch ärgert, entscheide, was zu tun ist. Aber lass dich nicht zu sehr verbiegen. Nimm Veränderungen an, wenn es zu deinem Besten ist. Verschwende nicht deine Zeit. Versuche, das Beste für dich aus deinem Leben zu machen.Pass dich nicht einem Weltbild an, das andere haben und meinen, du müsstest es so übernehmen. Schon gar nicht beim Training. Gehe aufrecht deinen Weg. Und nimm alles nicht so ernst.

Wenn alle es tun, muss es nicht richtig sein.

Wenn es nur einer tut, muss es nicht falsch sein!

Danksagung/Anmerkung

Dann trainiert gut und habt Spaß!

Quellenverzeichnis/Bildnachweise

Quellen

-persönliche Erfahrungen

-Kettlebell-Training/Pavel Tsatsouline, riva-Verlag

-Der Abnehmschlüssel/Kolja Barghoorn, Veldale-Verlag

-Das Muskel-Workout/Prof. Froböse, Gräfe und Unzer-Verlag

Bildnachweise

-eigene Bilder

Models

-Karin Dengler

-Sarah Klingler

-Bettina Schmied

-Gerlinde Ebenhoch

-Jasmin Kugl

-der Autor